阅读成就思想……

Read to Achieve

巴菲特

教你

How to Pick Stocks Like
Warren Buffet

选择

Profiting from the Bargain Hunting
Strategies of the World's Greatest Value Investor

成长股

[美] **蒂默西·韦克** ◎ 著　李猷 ◎ 译
（Timothy Vick）

中国人民大学出版社
· 北京 ·

图书在版编目（CIP）数据

巴菲特教你选择成长股/（美）蒂默西·韦克
（Timothy Vick）著；李猷译. -- 北京：中国人民大学
出版社，2023.1

ISBN 978-7-300-31266-8

I. ①巴⋯　II. ①蒂⋯　②李⋯　III. ①股票投资—基
本知识　IV. ① F830.91

中国版本图书馆 CIP 数据核字（2022）第 249189 号

巴菲特教你选择成长股

[美] 蒂默西·韦克（Timothy Vick）　著

李　猷　译

Bafeite Jiao Ni Xuanze Chengzhanggu

出版发行	中国人民大学出版社		
社　址	北京中关村大街 31 号	**邮政编码**	100080
电　话	010–62511242（总编室）		010–62511770（质管部）
	010–82501766（邮购部）		010–62514148（门市部）
	010–62511173（发行公司）		010–62515275（盗版举报）
网　址	http://www.crup.com.cn		
经　销	新华书店		
印　刷	天津中印联印务有限公司		
开　本	720 mm×1000 mm 1/16	**版　次**	2023 年 1 月第 1 版
印　张	17 插页 1	**印　次**	2025 年 5 月第 2 次印刷
字　数	204 000	**定　价**	69.00 元

第三部分
像巴菲特一样分析公司

第 15 章　股票 VS 债券

第四部分
避免损失

第 16 章　避免损失的好处

第 17 章　避免损失：市场时机、可转换债券和期权

第18章　巴菲特的秘密武器：套利

第五部分
投资者的心灵鸡汤

第19章　巴菲特关于养成良好习惯的思考

How
to Pick Stocks
Like Warren
Buffet

第一部分
巴菲特财富之路

第 1 章

沃伦·巴菲特是如何积累财富的

并非我喜欢钱，而是我在赚钱

和财富增长的过程中充满了快乐。

——沃伦·巴菲特

怎样才能赚到 300 亿美元呢？有人说，第一个 100 万美元最难赚，而随后的钱就好赚多了。在某种程度上，道理是这样的。比如，道琼斯工业指数从 10000 点上升到 11000 点，要比从 2000 点上升到 3000 点容易得多。随着基数不断增大，投资者想要赚到同样多的钱，需要的盈利百分比会越来越小。积累财富和打垒球不一样，假如要打出 500 个全垒打，最后 50 棒和开始 50 棒的难度是差不多的。在竞技体育中，要得到每一分，你都需要竭尽全力，而金融是一只会下金蛋的鹅，复利的力量让投资者很难赚不到钱。

尽管如此，百万富翁和亿万富翁之间还是有很大差距的。在复利俱乐部里，资产越多的富豪人数越少，并且人数呈指数型下降。几乎可以断定，全世界千万富翁的数量是百万富翁的 1/100，亿万富翁的数量是百万富翁的 1/1000，而身家 11 位数的（超过 100 亿美元）富翁数量可能只是身家 10 位数的富翁的 1/10。

1930 年 8 月 30 日，沃伦·巴菲特出生在美国内布拉斯加州的奥马哈市，没有任何数学公式和曲线图能够描绘出他的成就。在商业史上，这种成就是史无前例的。世界上的亿万富翁俱乐部里充斥着各种国王、酋长、发明家和商界精英，这些人要么抓住了机会跻身富豪之列，要么生而富贵。而巴菲特则是运用自己颇具数学天赋的头脑，一次次地利用金融市场的无效性，创造了自己开挂般的职业生涯。

除了巴菲特，没有一个亿万富翁是单单依靠华尔街积攒下全部身家的。他们大多数人都是从常规工作起步，凭借着卓越的才能，沿着商业阶梯不断向上攀爬，直到晚年才开始在光怪陆离的华尔街施展拳脚，增加了财富。而沃伦·巴菲特一开始就把金融和证券交易作为自己的谋生手段（他在 11 岁时就买入了自己人生中的第一只股票）。当奥马哈的邻居们为了生计而奔波时，20 多岁的巴菲特充满自信，在堆满了年报、标准普尔投资指南和碳酸饮料的乱糟糟的卧室里，管理着世界上最成功的投资组合。

简单地说，沃伦·巴菲特多年来所做的就是"资产管理"这一件事。从 20 世纪 50 年代起，他所做的就是募集资金的工作。他在金融行业里寻找廉价的资本，通常是收购一家能够产生现金流的公司，然后把这些现金流投资到年化收益 20%～30% 的项目中去。在这个过程中，每增加一美元投资都能等值转化为上市公司伯克希尔·哈撒韦（Berkshire Hathaway）的内在价值。近年来，高达数十亿美元的资金流入都沉淀在伯克希尔·哈撒韦公司不断膨胀的保险金库中。股东们对此十分满意，他们开心地持有股权并进行再投资。巴菲特在 20 世纪六七十年代做出决定，收购了这家濒临破产的纺织公司，这为他和他的妻子苏珊带来了全部投资收益的 34%，也为他的委托人赚到了数十亿美元。

巴菲特将股东资金进行分配和再投资，一切驾轻就熟，但是他只领取了10 万美元的年薪。不过从他的生活方式来看，如果领取超过 10 万美元的年薪，对他来说反而是一种羞辱了。他完全有能力寻找赚钱的机会，并不需要靠薪水活着，他从来都不需要双月工资。"我不需要三辆车或者三套房子，"他常说，"那些只会给人带来更多的负担，毕竟我一次只能开一辆车。"

无论是精神上、投资上，还是心理上，巴菲特都保持着一种坚韧的力量，这一点是他的朋友、商业伙伴和股东们对他的一致评价。从本质上说，他在内心深处保持着孩童般的天真，既爱玩又谨慎，他能记住各个城市的人口变化，还能够旁观洞悉身边人的情绪感知。他在 20 世纪 50 年代撰写的投资分析报告和 20 世纪 90 年代的年度报告几乎一样。这么多年来，无论时局如何变化，都没能改变他的风格，就像科学家做实验一样，巴菲特运用智慧和逻辑对数据进行筛选甄别。

如果陌生人和沃伦·巴菲特相处五分钟，只会记住他羞涩的外表，而不会有什么别的印象。尽管已经誉满全球，但是这么多年来，他几乎都在奥马哈市中心两英里①的范围内活动。如果花上 20 分钟，让他有足够的时间进行热身，你就会发现这个人就像一本百科全书。他的话题涵盖各个领域，从大学足球赛、可口可乐在南美洲的销量增长到各大银行的资产负债表等。那些有幸和他聊过 20 分钟的人都会再回来找他继续聊天。每年 5 月份，大约会有 14 000 名投资者来到奥马哈，花上一天的时间，花费 1000 美元来聆听他的投资妙语。如果时间和一致性能够建立起忠诚度，那么沃伦·巴菲特就是金融界中的最佳品牌。

---

① 1 英里 ≈1609.343 米。——译者注

亿万富翁的特质

　　回顾过去六七十年，我们可以发现，成功的投资者都不是随波逐流的人。他们能够规避传统的陋习，坚持自己的想法，避免附和主流观点，绝不人云亦云。如果他们轻易地照搬华尔街的行事风格，就绝不可能取得后来的成就。分析师兼作家马丁·弗里德森（Martin Fridson）指出："从来没有一个群体会同时出现在《福布斯》400强榜上，原因很简单，当一个人的做法和周围人一样时，他显然就无法从竞争中脱颖而出。"

　　传奇价值投资者约翰·邓普顿（John Templeton）创立了以他的名字命名的家族基金，他曾把全部的身家都投资于股票市场。那时正是第二次世界大战爆发之际，欧洲战火纷飞，美国还未走出大萧条的阴霾，人们普遍认为战争将是股市持续下跌的导火索。毕竟，第二次世界大战不像美国内战那样——在两周之内，就能结束几场小规模战斗。投资者们预计这场涉及欧洲的战争可能会持续数年，必然会对世界经济和美国的股票市场产生冲击。

　　邓普顿却不这么想。他相信这场战争将使美国经济摆脱低迷，大幅增加全世界产出，提高就业率，并且以史无前例的速度创造财富。他跑遍了当地的银行，尽可能地贷款，然后从在纽约证券交易所上市的每一家上市公司都买入100股。邓普顿走出股票经纪公司时，已经持有了104家公司的股票，其中34家已经破产。对于邓普顿来说，在他把毕生积蓄投入市场之后，市场的涨跌已经不重要了，因为他相信美国制造业的繁荣必将带动股市上涨。

事实证明，他是对的。四年后，邓普顿几乎卖掉了持有的全部股票，当初他花了 10 400 美元，后来这些股票价值 40 000 美元。

传奇基金经理约翰·内夫（John Neff）在担任温莎基金的基金经理时，看中了一套位于河漫滩上的房子，然而却遭到房地产经纪人的反对。内夫认为，"我把这种警告视为一种邀请，促使我亲自去调查一番"。果然，内夫详细计算了这套房子的升值空间，认为这足以抵消潜在的洪灾可能带来的损失，他在这套房子里住了 21 年，并且"了无遗憾"。

和 20 世纪的投资大师们一样，内夫在追求盈利的同时，也保持了节俭的生活。在搬进这所房子之前，内夫住在寄宿公寓，有时也住在基督教青年会的宿舍里，这样他就可以把一半的收入存入银行。十几岁时，内夫白天在高尔夫球场当球童，晚上送报纸。他在叔叔和婶婶的杂货店里留心观察每日商品的售价表，逐渐萌生出价值的概念。在一家自动点唱机公司做配送员时，他会为了更高的薪水跳槽去推销百科全书。

事实上，几乎每一位伟大的投资者都有一种实现资产增值的强烈本能。亿万富翁兼公司并购专家柯克·科科里安（Kirk Kerkorian）早年便精于此道，他会从经销商那里购买报废的二手车，修好之后（他当时靠清洗发动机为生）再以 5～10 美元的利润卖出。在英国皇家空军服役一段时间后，科科里安以 7000～10 000 美元的价格买进二手的 DC-3 型军用飞机，改装成商用飞机之后，再以 60 000 美元的价格卖出。23 岁的劳伦斯·蒂施（Lourence Tisch）说服父母在美国新泽西州莱克伍德租下一个破旧的度假村，然后翻新，设计安排了许多娱乐项目吸引顾客，用了不到两年时间就用赚来的钱买下了这个度假村。20 世纪 80 年代，当石油业出现萧条时，蒂施又以均价 500 万美元买下多个石油钻井，静待油价反弹回升。当油价再次飙升时，这些油井每年能为他带来 2500 万美元的利润。

邓普顿、蒂施、内夫和沃伦·巴菲特这些人与普通投资者的区别在于，他们具有坚韧的内心和对于创造财富的自信。通过探究他们的经历，我们可以发现，尽管他们有着不同的成长背景，生活在不同的环境之中，但是他们都有着相似的性格特征，这将他们和普通投资者区分开来。

从 100 美元到 300 亿美元

沃伦·巴菲特总是谦逊地说，他的财富积累得益于自己生活在一个繁荣的国家里。"当我出生时，我有 2% 的机会成为美国人，而有 98% 的机会生活在另一个国家，"他总喜欢这样说，"如果我出生在丛林里，可能早就成了动物的美食了。即使我再会投资，也无济于事。我之所以能积累下今天的财富，是得益于这个伟大的国家，而我只是恰好在这里发挥所长。"

身为一个美国人，是巴菲特成功的基础，就像很多美国人一样，他们生来就赢在了起跑线上。但是，巴菲特进入金融证券行业的灵感无疑来自他的父亲霍华德·巴菲特（Howard Buffett）。霍华德在奥马哈市经营着一家股票经纪公司，他让小巴菲特在黑板上帮忙张贴股市信息。大约是 20 世纪 30 年代，也就是霍华德和他的妻子莱拉怀上巴菲特的那几年，由于发生了一系列事件，一直被视为财富创造者的华尔街跌落了神坛。霍华德非常虔诚，政治观点非常保守。他努力工作，确保自己的家庭免受被救济之苦，确保自己的孩子不会像内布拉斯加那些种小麦的农民的子女一样站在粥棚里等待布施。沃伦出生后，家里的日子很拮据，但是霍华德努力改善了家里的经济状况，并让显露出数学天赋的巴菲特进入学校接受教育。

沃伦从小就有能成大事的迹象。在有关他的传记里，小时候的他都会被描述成这样一个孩子：专注于金钱和计算，对周遭持怀疑的态度，并且只对信任的人和事情投入感情。他看上去像个地道的中西部人，但正是这些品质，塑造了日后叱咤华尔街的职业投资家。沃伦在10岁时，就对股市产生了浓厚的兴趣。那时，他在父亲的办公室帮忙发布报价、填写股票和证券表格，并在业余时间画股价走势图。他沉浸于在看似随机的波动中寻找规律，且成为一位光说不练的"技术分析师"。如果不是因为他遇到了本杰明·格雷厄姆（Benjamin Graham）并且学会了价值导向的方法，巴菲特可能至今仍是一位技术分析师。

另一件被津津乐道的事是他的数学天赋。巴菲特把他的天赋付诸实践，运用各种方法去分析数据，用来获利。最早的故事是，在6岁那年，他用25美分买进了一箱6瓶装的可口可乐，然后以每瓶5美分散卖出去，这可能是巴菲特一生中的第一次套利交易。11岁的时候，他和一个朋友开发了一套赌马系统，并在赛马场兜售赌马系统的小册子《如何选择赛马手》。开始时，一切都很顺利，直到后来因为没有执照而被勒令停业。在另一项风险投资当中，巴菲特召集附近的邻居朋友，从池塘里打捞高尔夫球，然后洗干净重新出售。作为组织者，巴菲特从中抽取报酬。

十几岁的时候，巴菲特和他的朋友们都认定，他的一生都将与股票市场为伴。巴菲特酷爱读书又生性保守，他是那种既受人尊重又不太合群的年轻人，他不会主动挑起事端，却可以让别人为他而战。大家都会在遇到问题时向他求教，但是在聚会时又会把他忘在脑后。"我不是班上最受欢迎的人，也不会是最不受欢迎的人，"他回忆道，"我有点可有可无。"他不断地阅读投资书籍，据说他还能背下他最喜欢的那篇《赚到 1000 美元的 1000 种方法》（*A Thousand Ways to Make $ 1000*）。他会在公交车上、公园长椅上和卧室里读书，只要是能让他独处的地方，都会成为他的读书场所。和朋友们打篮球的时候，他会带上一份《华尔街日报》，在休息时读上一会儿。

巴菲特总是做事细心，筹划缜密。住在华盛顿特区的时候（1942 年霍华德以反对罗斯福新政为竞选纲领，赢得选举成为众议员），他在送报纸时，会选择五份报纸和四份观点相反的日报。如果客户取消订阅，巴菲特就会推荐一份观点不同的报纸，这样客户可能就会继续订阅报纸，而自己的收入也有保证。"攒钱对他来说就是一切。你甚至不敢去碰他存钱的抽屉，"他的母亲曾经这样写道，"每一分钱都必须原封不动地放在那里。"巴菲特后来又增加了一份路线图，对客户的订报心理进行跟踪，一旦客户改变习惯，他就调整相应的推荐，让客户完成续约。

之后，他又尝试了许多其他的赚钱方式。他和朋友唐·丹利（Don Danly）合伙做弹球生意。他们花 25 美元买了第一台游戏机，把它放在华盛顿的一家理发店里。当发现可以在短短几周之内收回投资本金以后，他们就扩大投资，把游戏机增加到 7 台，那时他们一周就能赚 50 美元。沃伦每个月都要打印一份损益表。1947 年，丹利花 350 美元从废品厂买下一辆 1928

年产的劳斯莱斯，他把车修好之后租了出去，每天的租金是 35 美元。当丹利对汽车进行日常维护时，巴菲特就站在旁边大声朗读商业书籍。

15 岁时，巴菲特就已经攒下能够买下父亲在内布拉斯加一个 40 英亩农场的钱了。到 20 岁时，他的个人财产估计为 9800 美元——按今天计价约为 68 000 美元。如果用这笔钱投资并保持每年 25% 的回报率，到 1999 年底，这笔钱会变成 5490 万美元。但这还不够，巴菲特有信心让资产实现高速增长，他知道自己必须找来更多的钱进行投资。

投资基金

1947 年，在父亲的支持下，巴菲特选择到宾夕法尼亚大学沃顿商学院读书。在这里学习了两年之后，他发现教授贫乏的知识已经无法满足自己的需要了。这促使 19 岁的巴菲特离开了华盛顿，转学到内布拉斯加大学，并在那里取得了学位。在大四那年，他读到了一本名为《聪明的投资者》(*The Intelligent Investor*) 的书，是由基金经理兼哥伦比亚大学教师本杰明·格雷厄姆撰写的，这本书将永久地奠定巴菲特对金融市场的看法。巴菲特渴望提升自己在商业领域的学习，于是在 1950 年申请进入哈佛商学院，经过 10 分钟的面试，哈佛大学拒绝了这位 19 岁的外表笨拙的内布拉斯加州人。之后，他申请了格雷厄姆任教的哥伦比亚大学商学院，并于一年后获得了经济学硕士学位。

巴菲特对格雷厄姆的学说充满热情，据说他是格雷厄姆最得意的门生。

两人经常在课堂上进行激烈的辩论，而其他同学只能张大嘴呆坐一旁。这门课对巴菲特来说像是一种心灵的涤荡。他曾尝试过市场择时、画图和其他种类的技术分析，而格雷厄姆的理论基于这样一个前提：股票应该反映一家公司的内在价值，只有买入价值被低估的股票，才能获得超额收益。回顾这段经历，格雷厄姆应该算是巴菲特在金融方面的导师，他帮助巴菲特完善了知识结构，并促使他将分析能力、价值取向以及敏锐的商业智慧融为一体。

从哥伦比亚大学毕业后，巴菲特迫不及待地要去实践格雷厄姆的理论。他找到格雷厄姆，希望能为他工作，但是老教授拒绝了他。于是，巴菲特回到奥马哈，在父亲的公司里当了一名股票经纪人，并且一直干到1954年。经过三年的"死缠烂打"，格雷厄姆终于同意聘请巴菲特在他的投资管理公司——格雷厄姆·纽曼公司工作。在那里，巴菲特学习到了管理基金的方法。仅仅两年后，格雷厄姆关闭了公司，宣布退休。巴菲特再次回到家乡，此时他的净资产约为14万美元，几乎都是通过买卖低价股票获得的。此时，他也和来自奥马哈的苏珊·汤普森（Susan Thompson）结了婚，并且生下了其三个孩子当中的前两个。

巴菲特失业了，但很快就充满信心，他选择自主创业，成立了巴菲特合伙基金（Buffett Partnership）。实际上这是一个皮包公司，办公地点是巴菲特的卧室，办公用品是一叠便签纸、一本49美分的会计账本和一台手动打字机。巴菲特自己投入100美元，并从家人和朋友那里筹集了10.5万美元。基金的运行规则很简单：

- 巴菲特可以自由将资金投资于他认可的任何证券；

- 如果投资回报率不超过 6%，也就是政府债券的收益率，他不会收取任何佣金；

- 他的年度管理费是收益超过 6% 那部分的 25%；

- 投资者不能过问他的投资；

- 如果他们提问，巴菲特不予回答；

- 巴菲特每年只允许追加一两次新投资。

如今，大多数基金经理都会收取固定的管理费，通常为管理资产的 1%～1.5%。这种收费结构是一种自动调整的机制，可以保证基金经理在市场低迷的时期也能获得固定的收入。而巴菲特定下的佣金规则源于他有信心战胜市场，这也让他比标准的基金管理人更迅速地积累了个人财富。如果一年能赚 10%，那么他的佣金将达到管理资产的 1%（相当于超过政府债券收益率 4% 部分的 1/4）。如果收益率能达到 20%，他的佣金则是管理资产的 3.75%。表 1–1 显示了巴菲特从 1957 年的 10.5 万美元中（须知，每年都会进来更多的新资金）获得的佣金。直到 1969 年关闭合伙企业时，他的佣金是普通基金经理的 4 倍多。这 13 年来，他的佣金总额占管理资产的 19%。

第一批投资者包括巴菲特的姨妈爱丽丝、妹妹多丽丝夫妇、苏珊的父亲以及三位朋友。然而，要让外界相信这位年轻的投资管理人需要一定的时间，并且还需要他展现出良好的投资业绩。

表 1-1		巴菲特的佣金表		
	投资者收益率（%）	初始资金 105 000（美元）	一般基金经理管理费率为 1.25%（美元）	巴菲特的佣金（美元）
1957	**10.4**	115 920	1381	1155
1958	**40.9**	163 331	1745	10 114
1959	**25.9**	205 634	2306	8126
1960	**22.8**	252 519	2863	8637
1961	**45.9**	368 425	3881	25 189
1962	**13.9**	419 636	4925	7276
1963	**38.7**	582 035	6260	34 305
1964	**27.8**	743 840	8287	31 721
1965	**47.2**	1 094 933	11 492	76 616
1966	**20.4**	1 318 300	15 083	39 418
1967	**35.9**	1 791 569	19 437	98 543
1968	**58.8**	2 845 012	28 979	236 487
1969	**6.8**	3 038 472	36 772	5690
合计			**143 411**	**583 276**

　　唐·基奥（Don Keough）是巴菲特的邻居，是这样一位持有怀疑态度的人，后来他成为可口可乐公司的总裁。巴菲特曾给了基奥一个机会，让他在早期合伙时期投入 5000 美元作为孩子的教育基金，但是基奥错失良机。随着巴菲特奇迹般的长期业绩传播开来，他赢得新客户的信任已经不再是问题了。美国各地的投资者风闻巴菲特的实力，都想要来分一杯羹。哥伦比亚广播公司（CBS）的董事长劳伦斯·蒂施在 20 世纪 60 年代中期就向巴菲特的基金投资了 30 万美元。

　　巴菲特的资金管理方式可以说是与众不同的。他不允许客户过问他的投资，或许这样对管理资金更有利，因为有些客户无法忍受头寸的波动。在他的投资组合中，很大一部分资金进行套利交易，他总是寻找那些准备资产重组或者破产的公司进行投资，从中获得差价。巴菲特在进行套利交易的同时也进行融资，以此获得更高的回报。对于投资组合中的其他部分资金，他会选择三到四家公司，买入普通股。随着管理资产的不断增长，巴菲特会运用杠杆扩大资产规模，从而在上市公司谋得董事席位，并参与控制公司运营。巴菲特发现，他可以买入低估值的公司，从而获得董事会席位，然后通过改善公司的财务状况，最终溢价将股份卖出。其中，最著名的投资当属买入一家名为伯克希尔·哈撒韦的纺织厂。

随着资产的增长，巴菲特继续获得碾压全市场的回报率（第 18 章将讲述他是如何做到的），个人财富也获得飞速增长。他将佣金的 25% 再投入到合伙基金中，这样他的资产增速会大幅超过基金规模的增速。根据巴菲特致股东的信，1964 年，巴菲特在合伙基金中的投资金额达到 2 393 900 美元；1966 年，这一数字增长为 6 849 936 美元；1969 年，当他结束合伙制时，合伙基金的总资产达到了 104 429 431 美元，其中他自己的投资为 2000 万至 2500 万美元。

显然，巴菲特已经上道了。

第2章

巴菲特积累财富的经典手笔：
伯克希尔·哈撒韦

　　1969年底，沃伦·巴菲特结束了他的投资合伙事业。时年他39岁，留着平头，坐拥2500万美元，已经见识过各种场面了。他越来越担心市场过高的估值水平，并警告其他投资者要谨慎参与。就像1999年和2000年一样，1969年的华尔街已经危如累卵。那些讲故事的公司股票价格已远远超过公司收益和预期增长率所对应的价值，而其他股票却在一路下跌。

　　对于巴菲特来说，这种分裂的市场意味着一件事情：股市已经毫无理性可言！在这种情况下，再勤奋的投资经理也无法为客户获得合理的回报，当然更不敢去承诺业绩。任何研究都显得无足轻重了。有利好消息的股票被机构投资经理哄抬价格，和今天的情况差不多，这些人30岁左右，从来没有经历过熊市。然而，股市中更多的是中规中矩的传统投资品种，这些股票尽管没有负面消息，但是价格也是一路下行。简言之，被高估的股票不顾市场基本规则一路上涨，而廉价股票则下跌崩盘。

　　这和本杰明·格雷厄姆倡导的投资理念完全不同。他认为股票价格会暂时低于其账面价值或清算价值，但最终会回升到正常的价格，廉价股票不会一直跌下去。尽管巴菲特的业绩跑赢了道琼斯工业指数，并且已经连续保持了 13 年，但是 1969 年的超额业绩很小。那些整日寻找高增长股票的基金经理们终日繁忙，身心疲惫。他们中多数人不再依赖分析模型，转而寻找小道消息去安抚客户。

巴菲特离场了，他警告投资合伙人，股票的高回报前景已经迅速消失了。"我们很幸运——如果我们今年没有清算，结果会更糟，"他写道，"总的来说，那些看上去很有意思的想法最终都表现欠佳。在我的投资生涯当中，我第一次觉得普通投资者在专业的主动股票投资和被动债券投资之间进行选择，其结果几乎没有差别。"

事实证明，由于巴菲特为客户所做的投资类型众多，清算 1.04 亿美元资产并非易事。1963 年，他买入了 26.6 万股西部天然气公司（Western Natural Gas）的股票，当时这家勘探公司正在清算资产，并将收入返还给投资者。当西部天然气公司将天然气资产出售给辛克莱石油公司（Sinclair Oil）时，巴菲特曾希望能够尽快完成这笔交易，收回大部分投资。但直到 1969 年，西部天然气公司的资产仍未出售完毕：欠股东们的钱仍然存放在信托计划中。同时，其他的套利投资也未变现。巴菲特必须做出决定，要么卖出持有的股票变现，要么把这些股票分配给合伙人。

其中一项投资是位于马萨诸塞州新贝德福德的伯克希尔·哈撒韦纺织厂。从 1962 年开始，巴菲特就开始买入这家公司的股票，每股平均 7~8 美元。收购伯克希尔·哈撒韦公司的想法直接来自格雷厄姆的理念，由于当时伯克希尔·哈撒韦公司的出售价格其运营资本的一半，只要股价回升到其资产负债表上的价值，就能给他带来三倍于投资额的可观收益。出于对格雷厄姆的

"迷信"和对低估值公司困境反转的追求，巴菲特买进了他所看重的全部股票。到 1965 年，他和他的合伙人持有伯克希尔·哈撒韦公司 49% 的股份。同年五月，这位来自奥马哈的不起眼的基金经理取得了公司的控制权。

从他当时的著作中可以清楚地看出，巴菲特从未打算长期持有伯克希尔·哈撒韦公司的股票。但是，把投资组合并入伯克希尔·哈撒韦公司，以此建立一个庞大投资集团的机会，让巴菲特难以拒绝。当解散合伙企业时，巴菲特让客户选择，要么按照原有既定的份额持有伯克希尔·哈撒韦公司的股份，要么拿走相应的现金。巴菲特把大部分收入都投进了股票，他很乐于与合伙人讨价还价。清算结束后，巴菲特个人持有伯克希尔·哈撒韦公司 29% 的股份。他于 1970 年担任该公司的董事长，并获得了微薄的 5 万美元年薪。

从那时起，巴菲特的命运就与伯克希尔·哈撒韦公司产生了千丝万缕的联系，他的投资事业也即将一飞冲天。一夜之间，他大幅减少了在公开市场上的投资，并为开展下一步投资计划打下基础。从那时开始，巴菲特控制了伯克希尔·哈撒韦公司，他的财富将随着伯克希尔·哈撒韦公司的经营而波动了。他不用再担心市场价格的波动会影响投资业绩，只要能够不断提升伯克希尔·哈撒韦公司的内在价值，就能够增加自己的净资产。

在有效控制了伯克希尔·哈撒韦公司之后，他的第一个行动是在 1967 年以 860 万美元收购了奥马哈的国家保险公司（National Indemnity）。多年来，巴菲特对保险行业了然于胸，他发现了国家保险公司作为投资通道的巨大潜力。和大多数保险公司一样，国家保险公司每年都能提供一笔可观的保费供巴菲特投资使用。由于很多年都可能不用理赔，那么今天收取的保费就可以用于再投资。

伯克希尔·哈撒韦公司的纺织厂几乎没有为巴菲特带来多余的现金用于投资，并且各种迹象表明它将来也无法做到这一点。但是，一家资本充足、经营谨慎的保险公司却能够提供大量资金用于投资。在巴菲特看来，这比募集新的投资资金要更好。正是看准了这一点，在之后的30年中，伯克希尔·哈撒韦成为世界上最大的公共投资基金，并且其每个季度的经营利润都会被用于再投资。其经营模式非常简单：

- 从控股公司当前的现金流当中提取资金，必要时压缩公司成本；
- 利用伯克希尔·哈撒韦公司不断增加的现金，低价收购其他现金充裕的公司，从而为伯克希尔·哈撒韦公司的初始投资带来高回报率，并增厚其净资产；
- 用被收购公司的现金投资于股市和债券市场；
- 收购拥有特许经营权的保险公司，以其作为股票和债券的交易通道。并选择那些能够提供低成本现金流的保险公司，增加可投资金，以此增加杠杆，提高投资回报。

当巴菲特收购诸如通用再保险公司（General Reinsurance）、冰雪皇后（Dairy Queen）等非上市公司，或者投资吉列这样的上市公司时，用的并不是自己的钱。通常，巴菲特和时任盖可保险（GEICO）[①]公司联合首席执行官兼投资经理卢·辛普森（Lou Simpson）决定，由伯克希尔·哈撒韦公司收购的几家保险公司中的一家实施交易。由于各家保险公司每年都会提供充裕的

---

① 伯克希尔·哈撒韦公司在1996年直接收购了盖可保险。——译者注

资金，因此这些收购交易进展顺利。保险公司持有现金储备以应对潜在的保额赔付，但在进行赔付之前，这些浮存金是可以自由投资的。这种交易的投资收益只需缴纳少量税金，这样一来，巴菲特获得的回报率就远远高于普通的基金经理。

和其他保险公司相比，伯克希尔·哈撒韦公司的竞争优势在于其良好的资产负债表和卓越的资产配置记录。当然，这两者是相辅相成的，强大的财务实力能够让伯克希尔·哈撒韦公司比其他保险公司更积极地进行资产配置。一般情况下，保险公司会将浮存金投资于政府债券，近年来这项投资的年回报率在 5%～7% 之间。事实上，许多保险公司的业务仅限于投资等级较高的公司债券和政府债券，因为监管机构从来都不希望保险公司利用投保人的资金进行草率的投资。当然，这些公司也不希望在持有的股票下跌时，碰到一场自然灾害（如冰雹）的袭击，立刻引发上千人的保险索赔。美国各州和地方的财政官员与很多养老基金的基金经理一样，都面临这样的投资限制。在一个蓬勃发展的经济环境中，这些官员会变得异常焦虑，他们甚至会为了追求几个百分点的额外收益而采取冒险的投资策略。

然而，伯克希尔·哈撒韦公司却没有这些投资限制，内布拉斯加保险局和评级机构给了巴菲特很大的投资权限，让他能够利用投保人的保费去投资高回报率的证券。因此，巴菲特可以自由运用伯克希尔·哈撒韦公司带来的数十亿美元的保险浮存金，投资股票、债券或者可转换优先股等非常规的投资品种（见第 17 章）。此外，他还可以用这些钱收购公共或私人的企业，把它们纳入伯克希尔·哈撒韦公司的旗下。这样的投资自由度只有少数公司拥有，包括辛辛那提金融集团（Cincinnati Financial）和信实集团（Reliance

Group）等其他几家保险公司，这让伯克希尔·哈撒韦公司的投资获得了远高于竞争对手的回报，尽管公司的保费所占份额相对较小。伯克希尔·哈撒韦公司的保费只占整个保险业保费份额的一小部分，可能不到2%，但是它持有的股票却占到了整个保险行业所持股票的20%～25%。1999年，伯克希尔·哈撒韦公司旗下三家保险公司保费的65%投资于股票市场，这一数字远远超出行业平均水平。伯克希尔·哈撒韦公司的投资回报率通常会超过20%，这个数字是业内其他公司的两倍。

谨慎始终都是伯克希尔·哈撒韦公司保险偿付业务的标志。这家公司有足够的资本可以覆盖承保的保额，但是它一直以来都是牺牲一部分市场份额，只承做那些可以获利的保单。人们总是说："你为什么不把规模做得更大一些呢？"伯克希尔·哈撒韦公司的副董事长查理·芒格在1993年说："其他人都在这样做。评级机构跟我说，你的交易量完全可以两倍于你的保险资金。他们看到我们有100亿美元的保险资金，然后说，'那就能每年交易200亿美元。你在干什么？只交易了10亿美元'。但是后来又有人来问我，'为什么去年除了你之外，市场上的其他人都没能活下来？'也许这些问题都是相互关联的。"

能够长期保持和强化这种竞争优势，这让伯克希尔·哈撒韦公司的股票成为保险业中表现最好的股票，这也是伯克希尔·哈撒韦公司敢于和其他保险公司不同，将大量保费投资于股市的原因。伯克希尔·哈撒韦公司的商业模式在保险行业当中是无法复制的。

伯克希尔·哈撒韦公司的真正实力在于对杠杆的运用，也就是利用超过公司自有资金的资金进行投资的能力。假设伯克希尔·哈撒韦公司在资产负债表上有 1 亿美元的资金，每年还能获得 5 亿美元的保费，那么巴菲特就可以用 6 亿美元去投资。如果投资获得 10% 的回报率，伯克希尔就净赚 6000 万美元，这相当于自有资金的 60%。虽然最终必须把 5 亿美元返还给投保人进行赔付，但是在赔付之前，仍然可以自由使用这笔资金。如果伯克希尔·哈撒韦公司能够获得 20% 的年回报率，那么它的账面价值将会迅速增长，从而带动股价上涨（见第 10 章）。

伯克希尔·哈撒韦公司的诀窍就是以尽可能低的成本获得浮存金，这一点远超业内同行。如果一家保险公司每年收入的保费金额超过理赔金额，那么剩下的浮存金就可以免费自由支配，因为保险公司用了其他投保人的保费进行了理赔。但是如果这一年的理赔金额超过了保费金额，浮存金就会减少。为了保证收支平衡，投资经理就必须利用浮存金的收益去抵销理赔的金额。伯克希尔·哈撒韦公司收购美国国家保险公司时，巴菲特用于再投资的浮存金仅有 2000 万美元，到了 1999 年，这一数字已增至 253 亿美元。更重要的是，过去 33 年来，这笔保险浮存金的使用总成本一直为负。

20 世纪 70 年代，巴菲特慢慢增加了他在伯克希尔·哈撒韦公司中 29% 的持股。10 年之后，他和妻子持有了公司 46% 的股份——这是他们能够获得的最高比例，持有约 52 万股，每股成本为 32.45 美元。他几乎将全部资产都投入到伯克希尔·哈撒韦公司的股票上了。因此，保持公司的高速增长，就能够确保个人资产的高回报率。

表 2-1 和图 2-1 显示了巴菲特多年的投资成果。接管伯克希尔·哈撒韦公司之后，巴菲特一直保持公司账面价值和股票价格每年超过 20% 的增长。

表 2-1　　　　　　　　　巴菲特经营伯克希尔·哈撒韦公司的业绩

年份	每股		伯克希尔·哈撒韦			投资 10 000 美元	
	账面价值（美元）	增长率（%）	12 月 31 日股价（美元）	年收益率（%）	标普 500 收益率（%）	投资巴菲特（美元）	投资标普 500（美元）
1965	24	23.8	19		10.0	10 000	10 000
1966	29	20.3	17	−8.0	−11.7	9200	8830
1967	32	11.0	20	15.7	30.9	10 644	11 558
1968	38	19.0	37	82.7	11.0	19 447	12 830
1969	44	16.2	42	13.5	−8.4	22 073	11 752
1970	50	12.0	39	−7.1	3.9	20 506	12 211
1971	58	16.4	69	79.5	14.6	36 807	13 993
1972	71	21.7	79	14.3	18.9	42 071	16 638
1973	74	4.7	71	−11.3	−14.8	37 317	14 176
1974	78	5.5	40	−43.7	−26.4	21 009	10 433
1975	95	21.9	38	−5.0	37.2	19 959	14 314
1976	151	59.3	89	147.3	23.6	49 358	17 693
1977	200	31.9	138	46.8	−7.4	72 458	16 383
1978	248	24.0	152	13.8	6.4	82 457	17 432
1979	336	35.7	320	102.5	18.2	166 976	20 604
1980	401	19.3	425	32.8	32.3	221 745	27 260
1981	526	31.4	560	31.8	−5.0%	292 259	25 897
1982	738	40.0	775	38.4	21.4	404 487	31 439
1983	976	32.3	1310	69.0	22.4	683 583	38 481
1984	1109	13.6	1275	−2.7	6.1	665 126	40 828
1985	1644	48.2	2430	93.7	31.6	1 288 350	53 730
1986	2073	26.1	2820	14.2	18.6	1 471 296	63 724
1987	2447	19.5	2950	4.6	5.1	1 538 975	66 974
1988	2976	20.1	4700	59.3	16.6	2 451 587	78 091
1989	4298	44.4	8675	84.6	31.7	4 525 630	102 846
1990	4614	7.4	6675	−23.1	−3.1	3 480 210	99 658
1991	6437	39.6	9050	35.6	30.5	4 719 164	130 053
1992	7745	20.3	11 750	29.8	7.6	6 125 475	139 937
1993	8854	14.3	16 325	38.9	10.1	8 508 285	154 071
1994	10 083	13.9	20 450	25.0	1.3	10 635 357	156 074
1995	14 025	43.1	32 100	57.4	37.6	16 740 051	214 758
1996	19 011	31.8	34 100	6.2	23.0	17 777 934	264 152
1997	25 488	34.1	46 000	34.9	33.4	23 982 434	352 379
1998	37 801	48.3	70 000	52.2	28.6	36 501 264	453 160
1999	37 987	0.5	56 100	−19.9	21.0	29 237 512	548 323

在投资界，这一纪录保持了 35 年，和同期股市 11% 的回报率相比，简直就是一个奇迹。巴菲特在伯克希尔·哈撒韦公司的表现，就像汉克·艾伦（Hank Aaron）在 23 年中平均每年打出 32 个本垒打一样优秀。这和迈克尔·乔丹 10 次在 NBA 成为得分王，杰克·尼克劳斯（Jack Nicklaus）获得 6 届美国大师赛冠军一样。统计数据表明，在投资领域没有常胜将军，但是巴菲特却能不断打破自己的纪录。

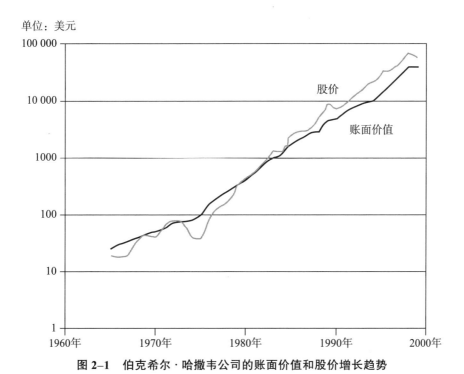

图 2-1　伯克希尔·哈撒韦公司的账面价值和股价增长趋势

构建账面价值

早年间运作合伙投资基金对于巴菲特来说至关重要，因为如果没有这样的积累（回想一下，1970 年时巴菲特的身价约为 2500 万美元），他也不可能成为亿万富翁。20 世纪五六十年代进行的各种投资，与后来的大规模投资同样重要。在执掌伯克希尔·哈撒韦公司后，巴菲特的理念发生了明显的变化。他的总体目标是年复一年地增加伯克希尔·哈撒韦公司的账面价值，从而推动股票价格上涨。小规模投资已经无效了，他必须和所有伟大的基金经理一样，把目光投向大型投资标的，比如投资标准普尔 500 指数（Standard &Poor 500）里的公司来把握机会。"这可能是沃伦最令人称道的事情，"他的朋友兼作家戴维·克拉克（David Clark）说，"他不断地击败那些和他买进相同股票的专业投资者。"

到了 20 世纪 70 年代末，巴菲特摒弃了格雷厄姆最严格的价值导向原则，此时他的投资哲学更接近菲利普·费雪（Philip Fisher）——一位和格雷厄姆同时代的基金经理兼作家。格雷厄姆代表了投资的基础，那是受 1929 年大萧条的影响而形成的一种有些玩世不恭的旧式投资态度。费雪摆脱了这样的投资范式，他把股市看作反映美国经济持续增长的一面镜子。根据费雪的新"增长导向"模式，国民产出的持续增长必然带动企业营业收入、利润和价值的增长。就像巴菲特所说的那样，持续把资金投入到廉价的"烟蒂股"上，和花钱买一辆报废的二手车一样，或许这辆车还能跑上一段时间，但是最终会把油都漏光。

巴菲特从"烟蒂股"投资者成功转型顺应了潮流。要想把伯克希尔·哈撒韦公司打造成一个强大的金融集团，就不能只是把早年的经验简单叠加 [洛克伍德可可（Rock Wood Cocoa）、桑伯恩地图公司（Sanborn Map）、西部天然气公司等都是巴菲特早期并购的公司]。随着伯克希尔·哈撒韦公司规模不断扩张，巴菲特的投资也必须同时进步。他寄望于市场能够出现极端行情，从而提供绝佳的买点。

是什么让伯克希尔·哈撒韦公司纵横股市

表 2–2 总结了伯克希尔·哈撒韦公司在 1979—1999 这 20 年中的主要投资，并计算了截至 1999 年 9 月巴菲特在这些投资上获得的收益。由于巴菲特总是在交易完成之后很久才会披露交易细节，因此只能对投资收益进行估算。我们只能根据他卖出股票期间的价格范围来确定卖出的均价。到 1999 年，表中列出的 14 只股票，总共为伯克希尔·哈撒韦公司带来了约 340 亿美元的税前利润（后面的章节将讨论巴菲特如何为伯克希尔·哈撒韦公司的投资组合进行选股）。实际上，这 14 笔"黄金"投资大幅增加了伯克希尔·哈撒韦公司的账面价值和巴菲特的净资产。从税后利润上看，这些股票的收益占伯克希尔·哈撒韦公司 1999 年账面价值的 40% 以上。如果没有这些股票，伯克希尔·哈撒韦公司的股价可能只有如今的几分之一。

由于巴菲特持有伯克希尔·哈撒韦公司 33.7% 的股份，理论上，他为公司创造的税后利润都属于他，而这常常被人忽略。自 20 世纪 60 年代末接管伯克希尔·哈撒韦公司以来，巴菲特的净资产从 2500 万美元增加到 300 亿美元，而他所支付的资本利得税却相对少得多。由于巴菲特利用伯克希尔·哈撒韦公司作为交易渠道，因此证券投资收益属于公司的经营收入，而不是他个人的收入。因此，证券投资收益增强了伯克希尔·哈撒韦公司的资产实力，需要公司承担税收，但这样也帮助提高了伯克希尔·哈撒韦公司的账面价值和内在价值。在这些年中，不断扩张的投资组合直接带动了公司股价的上涨，也增加了巴菲特的净资产。巴菲特在卖出伯克希尔·哈撒韦公司的股票时，必须缴纳税款，但是多年来他从来没有卖过伯克希尔·哈撒韦公司的股票，也就没有缴纳过这样的税款。有时，他也会偶尔捐赠少量股份，但是他和妻子苏珊始终持有 20 世纪六七十年代积累下来的几乎全部股票。

表 2–2　　　　伯克希尔·哈撒韦公司 1979—1999 年的主要投资

股票	截至 1999 年持有的股份（美元）	成本（美元）	税前利润（百万美元）
可口可乐	200 000 000	6.50	11 700
美国运通	50 536 900	29.09	5775
吉列	96 000 000	6.25	3360
房地美①	60 298 000	5.11	3300
富国银行①	63 595 180	6.16	2535
盖可保险公司	34 250 000	1.33	2348
所罗门 / 旅行者	1998 年卖出	25.47	1400
首都 / 美国广播公司①	51 202 24	25.49	1311
华盛顿邮报	1 727 765	6.14	930
全美航空	1998 年卖出	38.74	550
通用电力②	7 693 637	18.00	450
甘乃特集团③	4 261 300	24.45	300
美国制商银行	506 930	79.00	235
匹兹堡国民银行	1995—1997 年卖出	25.86	150
合计:			34 344

①包含之前卖出股票的收益。

②通用电力的收益包含一笔特别分红，以及 1994—1997 年卖出股票的收益。

③收益包含可转换优先股的分红。

　　股票投资的成功并不能完全解释伯克希尔·哈撒韦公司账面价值和巴菲特个人净资产的增长，通过杠杆进行并购也发挥了重要作用。伯克希尔·哈撒韦公司是一个由众多企业组成的混合体，巴菲特并购一家公司的目的是利用公司的现金流进行投资。这些公司包括精品珠宝商［鲍尔舍姆珠宝公司（Borsheim's）］、吸尘器制造商［柯比公司（Kirby）］、冰激凌制作公司（冰雪皇后公司）、喷气式飞机租赁公司［公务飞机公司（Executive jet）］、保险公司（汽车保险公司 GEICO）和糖果公司［好时糖果（See's Candies）］等（见表 2–3 和表 2–4）。

表 2–3　　　　　　　　　　　伯克希尔·哈撒韦公司的子公司

保险集团——1999 年收入 147 亿美元，资产 842 亿美元	
盖可保险公司	私人汽车保险公司
伯克希尔·哈撒韦再保险公司	巨灾再保险公司
通用再保险公司	资产再保险公司
国家保险公司	多线商业保险公司
赛泊瑞斯保险公司	工人理赔公司
国家赔偿保险公司	信用卡保险公司
堪萨斯金融担保公司	银行再保险公司
制造业、零售业、服务业——1999 年收入 59 亿美元，资产 40 亿美元	
安德莱特电气公司	电力配件
蓝筹印花公司	市场营销服务
波仙珠宝	高端珠宝
布法罗新闻	每日新闻
坎贝尔·豪斯费尔德	空气压缩机
卡夫瑞公司	旅游车配件
克利夫兰木业	吸尘器配件
戴斯特	鞋业公司
道格拉斯制品	吸尘器公司
公务机	航空器租赁公司
费切海默兄弟公司	制服和配件公司
飞安国际	飞行员训练服务公司

续前表

制造业、零售业、服务业——1999 年收入 59 亿美元，资产 40 亿美元	
法兰西公司	点火器配件
布朗鞋业	工作鞋
哈利克斯	管道维修公司
黑尔斯博格珠宝	高端珠宝
冰雪皇后	冰激凌产业许可公司
乔丹家具	家居安装公司
贾斯汀工业	混凝土制造
金斯顿	家电控制
柯比	吸尘器制造
制造业、零售业、服务业——1999 年收入 59 亿美元，资产 40 亿美元	
罗威尔鞋业	女鞋、护士鞋公司
梅里亚姆公司	压力控制设备
内布拉斯加家具连锁公司	家居安装公司
北路公司	机电开发和制造
帕瓦尔温奇	船用绞车
精密钢制品	钢铁服务中心
奎尔特	刀具公司
斯科特医疗器械	心肺系统器械
斯科特实验室	清洁方案公司
好时糖果	盒装巧克力
斯塔尔	卡车器械
事达家具	家居安装公司
维尼燃气系统	油气燃具
维尼供水系统	井泵公司
西部实业	天然气灶
西部塑料	塑料模具
R.C. 威利	家居用品公司
世界图书	多媒体百科全书
金融业务——1999 年收入 8.46 亿美元，资产 242 亿美元	
斯科特·菲茨财务公司	
伯克希尔·哈撒韦人寿保险公司	
伯克希尔·哈撒韦信用公司	
BH 公司	
通用再保金融公司	

表 2—4　伯克希尔·哈撒韦公司的收益和亏损

单位：百万美元

	1987	1988	1989	1990	1991	1992	1993	1994	1995	1996	1997	1998	1999
保险集团													
再保险										（8）	128	（21）	（1440）
盖可保险公司										171	281	269	24
其他业务	（55）	（11）	（24）	（27）	（120）	（109）	31	130	21	59	53	17	22
投资收入	153	231	244	327	332	355	375	419	502	726	882	974	2482
布法罗新闻	39	42	46	44	37	48	51	54	47	50	56	53	55
金融服务						20	23	22	21	23	28	205	125
航空服务										3	140	181	225
家具	17	18	17	17	14	17	22	17	30	44	57	72	79
冰雪皇后												58	56
珠宝									34	28	32	39	51
斯科特费茨（包括柯比公司、世界图书出版公司和费切海默兄弟公司）	92	97	98	102	97	110	111	121	110	122	119	137	147
好时糖果	32	33	34	40	42	42	41	48	50	52	59	62	74
鞋业公司					14	28	44	86	58	62	49	33	17
会计调整	（8）	（9）	（9）	（9）	（10）	（12）	（17）	（23）	（27）	（76）	（101）	（123）	（739）
利息支付	（12）	（36）	（42）	（76）	（89）	（99）	（57）	（60）	（56）	（94）	（107）	（100）	（109）
捐赠	（5）	（5）	（6）	（6）	（7）	（8）	（10）	（10）	（12）	（13）	（15）	（17）	（17）
其他	29	57	37	71	90	68	29	36	37	73	60	60	33
运营收益	282	418	393	483	400	461	643	839	815	1221	1721	1899	1085
投资收益	29	132	224	34	193	90	546	91	194	2485	1106	2415	1365
总收益	310	550	617	517	593	551	1190	931	1009	3706	2827	4314	2450

乍一看，这个投资组合似乎没有特别的含义，但是巴菲特收购的每家公司都具备一些共同特征。

- 这些公司都是盈利的，并且业务模式简单。
- 这些公司都能够产生大量的现金流，可以供巴菲特进行再投资。
- 每家公司都有自己的独特优势，在行业内占据稳固的地位。
- 每家公司都有稳定的管理团队。"我们无法提供管理团队，"巴菲特说，"我的工作就是寻找 15~20 名充满热情的经理人，因为他们大多数人已经赚够钱了，需要依靠兴趣保持工作热情。"
- 并购的价格要符合伯克希尔·哈撒韦公司的数学财务模型。比如，巴菲特在 1983 年并购了内布拉斯加州家具商场（Nebraska Furniture Mart）。当时他走进商场说："今天是我的生日，我想买下你的商店。你想卖多少钱?"商场老板罗斯·布卢姆金（Rose Blumkin）后来对记者回忆道："我告诉他 6000 万美元。他立刻转身去取支票回来。"

最后一点，对巴菲特来说也许是最重要的。如果不能通过数字证明一项投资（一家公司或一只股票）是合理的，那么在价格和价值取得平衡之前，要谨慎等待一段时间。后面几章我们将更深入地探讨巴菲特的投资方法和选股标准。

How
to Pick Stocks
Like Warren
Buffet

第二部分
运用数学思维

第 3 章

巴菲特数学 101：增长的力量

金融领域的发展已经可以让从业者去分析和解决任何问题。由于几个世纪以来数学的发展，投资者可以轻松地运用一系列逻辑严密的数学公式来管理个人财务。事实上，拥有实用的计算知识能够帮助你在金融领域走得更远。数学是不带情感和偏见的，任何时候，只要你能在选股时排除主观情绪带来的非理性干扰，结果就会不错。

财务分析师认为，人们在面临和金钱有关的问题时，80%的难题都可以通过常规的数学方法来解决。例如，消费者只需要使用简单的代数知识，就能计算出是租车好还是买车好；偿还抵押贷款是否能够省钱；买定期保险好还是终身保险好；在 4 月 15 日报税截止日前推迟缴税好还是按要求缴税并申请退税好；固定利率抵押贷款是否好于可变利率抵押贷款；信用卡分期付款好还是一次性付款好，以及是自己投资好还是通过 401（k）工资扣除计划进行投资好。

作为消费者，必须面对成百上千个类似的选择，而你的选择将影响个人的长期财务状况。表面上看，这些选择似乎让人很伤脑筋，但其实这些问题花不了几分钟就可以解决。像沃伦·巴菲特这样成功的投资者，通常会从数学当中获得灵感。但是和许多专业投资者不同的是，巴菲特不依赖于数据挖掘——任何人都可以处理数据，通过各种方法让一项暗藏风险的投资看上去很安全，或者让一只被高估的股票看上去很便宜——这很容易，只要修改盈利预测中的一个假设，就能让一只 25 美元的股票看上去价值 100 美元甚至更多。

然而，投资本质上是一个简单的过程，人们只需要理解基本的代数知识，就能够选股了。运用初中水平的数学知识，投资新手就可以获得长期的高回报。1994 年，巴菲特在纽约召开的一次证券分析师大会上说："如果选股需要用到微积分，那我就得回去送报纸了。重要的是，你要能够确定一家公司的价值，然后除以流通股的数量，得到每股的实际价值，因此你需要学会除法。如果你要买个农场，买套公寓或者买一台干洗机，你根本用不着微积分。首先确定你要买的公司能否在未来产生盈利，然后考虑这笔资产对应的价格。"

在投资中，数学不是目的，而是手段，它不应该影响到你的选股方法。巴菲特认为，数学的作用能够帮助投资者看清某一笔投资是否能够盈利。懂得这几条基本的金融规则，投资者就能像他一样分析股票了。如果一笔投资通过计算能够获利，就可以去实施；如果计算结果显示这笔投资不赚钱，就应该推迟投资。

复利的力量

不用说，对于沃伦·巴菲特这样的人来说，复利的力量是至高无上的。对于投资组合来说，没有任何力量比时间的影响更大。时间对个人财富的影响，要比税收、通货膨胀和错误选股加起来的影响还要大，因为时间能够放大这些关键因素的影响。选错股票可能会让你当天亏损 2000 美元，但是随着时间的推移，一个错误的决策可能会让你错过赚到 50 000 美元的机会。频繁的短线投资能给投资者带来周期性的收益，但是总体来看，短线操作也带来了本可避免的巨额税负。同样，持续的通货膨胀会加速破坏价值，给投资组合带来沉重的负担。"手段和目的不应混淆，"巴菲特曾写信给他的合伙人，"最大的税后利润才是目的！"

有一个古老的故事是，1626 年印第安人出售曼哈顿时仅卖了 24 美元，2000 年 1 月 1 日，如果他们想买回此地，需要支付 2.5 万亿美元，这个价格是 24 美元以每年 7% 的复利算出来的结果。时钟还在转，到了第二年，曼哈顿的价值理论上又将增加 1750 亿美元（2.5 万亿美元的 7%），往后一年再增加 1870 亿美元，再往后一年又增加 2000 亿美元，依此类推。一个人按照这种方式积累财富并且能够免税的话，就可以有效地提升生活水平。

让时间为你效力。对于那些愿意耐心等待股价跟随公司价值而增长的投资者来说，以合适的价格买入优质的公司，很少会亏钱。巴菲特常说："时间是优质企业的朋友，是劣质企业的敌人。"优质企业的内在价值会不断提升，从而带动股价上涨。在五年或更长的时间里，公司的价值和价格之间会有明显的相关性。对于投资者来说，看到优质公司不断增长的收入和利润，会有一种美梦成真的喜悦。随着时间的推移，复利的力量开始发挥作用，它会让净资产的增长速度越来越快。

表 3–1 和 3–2 显示了不同利率的复利计算结果，得出两个显而易见的结论：

表 3-1

复利的作用：50 年后 1 美元变成多少

单位：美元

增长率（%）

年	4	6	8	10	12	14	16	18	20	22	24	26	28	30
1	1.04	1.06	1.08	1.10	1.12	1.14	1.16	1.18	1.20	1.22	1.24	1.26	1.28	1.30
2	1.08	1.12	1.17	1.21	1.25	1.30	1.35	1.39	1.44	1.49	1.54	1.59	1.64	1.69
3	1.12	1.19	1.26	1.33	1.40	1.48	1.56	1.64	1.73	1.82	1.91	2.00	2.10	2.20
4	1.17	1.26	1.36	1.46	1.57	1.69	1.81	1.94	2.07	2.22	2.36	2.52	2.68	2.86
5	1.22	1.34	1.47	1.61	1.76	1.93	2.10	2.29	2.49	2.70	2.93	3.18	3.44	3.71
6	1.27	1.42	1.59	1.77	1.97	2.19	2.44	2.70	2.99	3.30	3.64	4.00	4.40	4.83
7	1.32	1.50	1.71	1.95	2.21	2.50	2.83	3.19	3.58	4.02	4.51	5.04	5.63	6.27
8	1.37	1.59	1.85	2.14	2.48	2.85	3.28	3.76	4.30	4.91	5.59	6.35	7.21	8.16
9	1.42	1.69	2.00	2.36	2.77	3.25	3.80	4.44	5.16	5.99	6.93	8.00	9.22	10.60
10	1.48	1.79	2.16	2.59	3.11	3.71	4.41	5.23	6.19	7.30	8.59	10.09	11.81	13.79
15	1.80	2.40	3.17	4.18	5.47	7.14	9.27	11.97	15.41	19.74	25.20	32.03	40.56	51.19
20	2.19	3.21	4.66	6.73	9.65	13.74	19.46	27.39	38.34	53.36	73.86	102.00	139.00	190.00
25	2.67	4.29	6.85	10.83	17.00	26.46	40.87	62.67	95.40	144.00	217.00	323.00	479.00	706.00
30	3.24	5.74	10.06	17.45	29.96	50.95	85.85	143.00	237.00	390.00	635.00	1026.00	1646.00	2620.00
35	3.95	7.69	14.79	28.10	52.80	98.10	180.00	328.00	591.00	1053.00	1861.00	3258.00	5654.00	9728.00
40	4.80	10.29	21.72	45.26	93.05	189.00	379.00	750.00	1470.00	2847.00	5456.00	10 347.00	19 427.00	36 119.00
45	5.84	13.76	31.92	72.89	164.00	364.00	795.00	1717.00	3657.00	7695.00	15 995.00	32 861.00	66 750.00	134 107.00
50	7.11	18.42	46.90	117.00	239.00	700.00	1671.00	3927.00	9100.00	20 797.00	46 890.00	104 358.00	229 350.00	497 929.00

表 3-2		获得相同回报所需的投资年份		
回报率（％）	2 倍	3 倍	4 倍	10 倍
4	18	28	36	59
6	12	19	24	40
8	9	15	18	30
10	8	12	15	25
12	7	10	13	21
14	6	9	11	18
16	5	8	10	16
18	5	7	9	14
20	4	7	8	13
22	4	6	7	12
24	4	6	7	11
26	3	5	6	10
28	3	5	6	10
30	3	5	6	9

- 时间对最终的财富有着巨大的影响。复利的时间越长，最终的财富就越多。
- 回报率是影响最终财富的决定因素。每年只要增加几个百分点的收益，就会对最终财富产生难以估量的影响。例如，以 6% 的年回报率计算，1 美元在 30 年后将变成 5.74 美元；以 10% 的年回报率计算，1 美元最终将变成 17.45 美元；而 20% 的年回报率最后将变为 237 美元（本书的目的就是帮助投资者实现这样的高回报率）。

复利的数学计算让年轻的巴菲特兴奋不已，有关他牢记复利和年金表中的数字以此估算投资价值并使个人投资组合迅速增值的故事，比比皆是。例如，传记作家罗杰·洛温斯坦（Roger Lowenstein）曾经提到，七岁的巴菲特曾突发重病住院治疗，他被迫卧床休养时，在纸上计算预测未来资产增长的数据，以此娱乐自己和照顾他的护士们。

1962 年，巴菲特向合伙人提交的年度报告中，没有回顾股市的表现，而是分享了"复利的乐趣"。即便在几十年之后再次读到这篇文章时，人们依然能够看出当时年仅 32 岁的巴菲特那种近乎顽固的节俭背后的投资逻辑。在他看来，仅仅投入 1 美元都可以通过复利放大收益，而浪费 1 美元则会对他、合伙人乃至整个社会造成严重的后果。巴菲特在信中写道，如果当年西班牙决定不资助克里斯托弗·哥伦布，将会怎么样？结果会让人吃惊。

我从非官方资料中得知，伊莎贝拉女王最初为哥伦布提供的资助大约是 3 万美元，这被认为是一笔成功的风险投资。假如不计算这笔投资发现新大陆带来的精神财富，那这项交易相当于得到了另一个 IBM。粗略计算一下，最初投资的 3 万美元以每年 4% 的复利计算，到 20 世纪末应该价值 2 万亿美元。

从经济角度看，哥伦布曾经四次到加勒比海探险，除了为未来几代航海家铺平道路之外，对于皇室来说并没有产生多大利益。设想一下，如果西班牙在 15 世纪末把这 3 万美元用于更明智的投资，到 1999 年，也就是巴菲特做出这一推理的 37 年后，伊莎贝拉女王的 3 万美元本金将变成 8 万亿美元，这相当于美国一年的经济产出，而西班牙也将成为当今世界的经济强国。

当然，假设未来五个世纪之后的资产价值对于投资者来说没有什么实际意义，毕竟一个人幸运的话也只能活八九十年。但是他的观点是正确的，让资金以复利的形式再生产出巨大的经济利益，不仅对投资者有利，对于捐赠者乃至整个社会也都更有利。

巴菲特有时也会受到非议，因为他没有像其他商业大亨一样，将巨额财富捐赠给基金会或者慈善机构。但是他有自己的理由，并且和他的投资哲学一脉相承。只要他能够继续以高复利积累财富，现在不去捐赠只会对社会更好。

例如，他在 1999 年的一次晚间访谈中告诉特德·科佩尔（Ted Koppel），如果他在 20 年前捐出了大部分钱，社会最多会多出 1 亿美元。正因为他当初选择不捐赠，全社会会得到 300 亿美元的财富。如果他在 70 年代捐出了 1 亿美元的财富，受赠者不大可能创造出 300 亿美元的收益，因为没人能像巴菲特一样用复利赚钱。也许某一天，巴菲特基金会价格超过 1000 亿美元，甚至达到 2000 亿美元，那将是有史以来最大的慈善捐赠。

在这个问题上，巴菲特的想法和很多理性的 CEO 一样。如果一家公司的资产回报率很高，那么就应该停止向投资者派发股息，并且每年尽可能地追加资金投入。只有当公司无法继续产生高回报时，才应该考虑给股东分红。他的受赠者能否像他一样进行投资，要打一个大大的问号。巴菲特认为，日后为社会留下更多的财富，不是比今天的捐赠更好吗？

"我的钱就是社会储蓄，可以随时转化成消费。"巴菲特在 1988 年对《绅士》杂志说："如果我愿意，我可以雇用 1 万个人，在我的余生当中每天为我画像，这样国内生产总值（GDP）就会上升，但是这些画对我来说没有效用。因此，我更倾向于让他们从事艾滋病研究、教师或护理等有益于社会的工作。"

价格和价值的关系

从长远来看，任何资产都无法超越自身的基本面，价格和价值之间存在着近乎完美的相关性，任何资产的价格最终都会体现其真正的内在价值。这种关系适用于股票、债券、房地产、艺术品、货币、贵金属，甚至整个美国经济——只要买卖双方估价，资产就会产生价格波动。如果你理解了这个基本的数学关系，就已经比大多数个人投资者更有优势了，毕竟有关价格和价值的关系是投资者不可忽视的。

20世纪20年代中期至1999年期间，道琼斯工业指数的年复合增长率约为5.0%（股息提供了剩余的回报），而同一时期，30家道琼斯工业公司的利润增长率为年化4.7%。有意思的是，这些公司的账面价值以每年4.6%左右的速度增长。这种相似的增长率不是巧合。长期来讲，一家公司的股票市值增长率不可能远远超过其自身的内部增长率。当然，技术进步可以导致企业效率的提高，并导致利润的跳涨，但是市场的竞争性和周期性决定了公司销售、利润和市值之间的关系。在繁荣时期，由于企业利用了规模经济和更高的产能利用率，因此利润增长会超过销售增长。在衰退时期，由于销售无法覆盖高额的固定资产成本，同时企业的产能利用率也会下降，利润下降的速度就会超过销售下降的速度。

图3–1显示了雅培实验室（Abbott Laboratories）在1960—1995年的股价和利润增长情况，很显然，利润构成了估值的基础。在35年间，雅培实验室的股价以每年15%左右的速度上涨，而雅培的利润也以大约15%的

速度增长。利润和账面价值的增长决定了内在价值的增长，从而促使股价上涨。从趋势上看，雅培实验室的股价和利润始终在同步上涨，最明显的表现发生在 1977 年至 1989 年。在此期间，股价变动几乎完全等同于公司的预期增长率。

你会注意到，曾有几次，雅培实验室的股价似乎远远超过了公司的实际价值或者预期增长率。例如，在 20 世纪 60 年代末～70 年代初，雅培实验室的股价远超利润趋势线。而在 1971 到 1972 年股价达到最高点时，雅培实验室的市盈率接近 50 倍，投资者愿意为雅培的未来收益而支付高溢价。雅培实验室的股价上涨速度远高于利润增速，但是这种现象是不可能长期持续下去的。价格和价值之间出现的错位必然会得到修正。在市盈率达到 50 倍之后，雅培实验室出现了恐慌性暴跌，最终结果就是股价跌至峰值的三分之一，并且跌破了利润趋势线。

如果投资者是理性的，并且拥有充分的市场信息，就会让雅培实验室的股价与公司的内在价值保持一致。但是在过热的市场环境下，投资者愿意为了公司的预期收益而支付高额的溢价时，股价就会偏离真实的价值。华尔街似乎也开始相信，像雅培实验室这样的公司可以维持超常的高增长率，反而忽视了长期稳定的业绩增长趋势。

当把市场运行及发展趋势放在整个经济背景之下考虑时，价格与价值的关系就会凸显出来。投资者绝对不能为超过公司长期增长率的价格买单。更重要的是，他们应该警惕追涨那些涨幅远远超过公司价值增幅的股票。虽然很难精确地确定一家公司的实际价值，但仍然可以通过蛛丝马迹去进行估

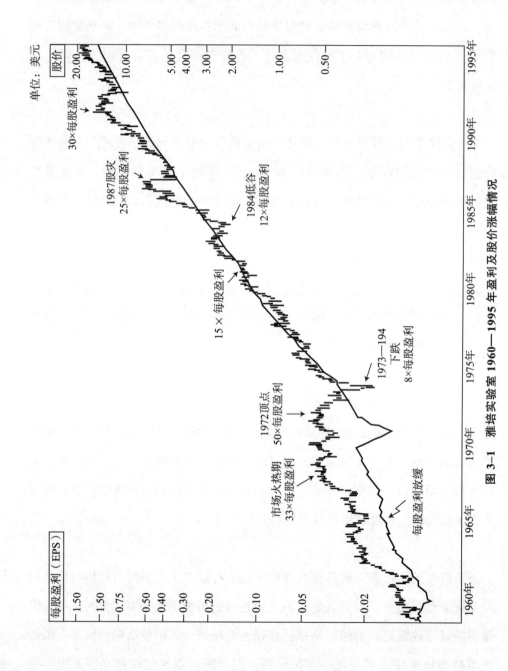

图 3-1　雅培实验室 1960—1995 年盈利及股价涨幅情况

值。例如，如果一只股票在短期内上涨了 50%，而同期公司的利润仅增加了 10%，那么这只股票很有可能被高估了，投资者在这只股票上只能获得较差的回报。相反，当股价下跌而公司利润上升时，就应该仔细辨别买入的机会。在股价暴跌之后，如果在市盈率低于公司预期增长率的情况下买入股票，这笔交易就有可能获利。

2000 年的时候，股票市场上价格和价值之间出现了严重的背离。像变魔术一样，数十只高科技股的价格以超过公司收入三至五倍的速度飞速上涨，投资者蜂拥而至，甘愿支付溢价，人人都想成为赢家。这种狂热的核心原因在于，人们相信旧的经济理论已经无法解释当前的经济现象，美国已经进入了新一轮的高增长期。但讽刺的是，政府公布了最近几个季度的经济数据，没有一项数据表明美国经济跃升到了一个新的更高的台阶，这只是华尔街的一厢情愿而已。

如果非要说明这些数据的含义，那就是在经济扩张的几年里，这些公司既没有大赚也没有大亏。到 1999 年，公司的盈利能力和资产利用率水平和 20 世纪 80 年代末差不多，唯一的区别是公司更审慎地改善了资本结构，用来增加内在价值。与流行观点相反的是，周期性风险虽然没有马上出现，但也没有消除。尽管如此，投资者们仍然垂涎三尺，他们认为经济不会受到衰退的影响，企业盈利会一直增长，尽管这些都未曾实现。

在金融市场上，把预期当成事实是十分危险的。广大投资者会故意忽略事实，幻想某些行业即将出现飞速增长，他们主要参与的是互联网公司的股票，通过击鼓传花不断提升股票价格，形成了一个金字塔形状的买卖结构。

只有当投资者们都沉浸在这个游戏当中时，这个结构才能够维持。当买家开始退出时，剩下的投资者才会恍然大悟，发现自己手里的股票根本就不值这个价。在撰写本书时的 2000 年的春天，互联网股票开始下跌，金字塔结构出现了逆转，就像黑洞一样吞噬了一切。

价格和价值须匹配

价格必然会反映价值，这种关系毋庸置疑！从长期看，标准普尔 500 指数成分股公司的利润增速总是低于销售收入增速，而销售收入增速也始终低于美国经济总产出的增速。因此，如果股价上涨取决于利润增长，利润增长取决于销售收入增长，销售收入增长取决于经济增长，那么股价就不可能以高于经济增长的速度上涨。然而实际情况恰恰相反。从 1994 年第四季度到 1999 年底，美国经济产出增长了约 1 万亿美元；相比之下，同期股票价值增长了 6 万亿美元。人们不能期望一家公司的股价在长期之内的上涨能大幅超过公司的利润增幅。最终的结果会是：要么股价跌回收益趋势线的水平，要么出现无法解释的高估值水平。投资者高估了微软、思科和通用电气等公司，好像它们就是世界上最大的经济体一样。一家几乎闻所未闻的新贵公司思爱普（Ariba）在没有实质性收入和利润的情况下，在 2000 年时的估值峰值高达 250 亿美元，比苹果公司的估值都要高。而高通公司的股价之高，让人们误以为这家公司的收入永远可以以 47% 的速度增长。

当你冷静地思考这些案例时，就会发现其中的愚蠢。标准普尔 500 指数的总市值永远都不会超过整个社会的经济规模总量。诺贝尔奖获得者詹姆斯·托宾（James Tobin）在 1969 年就提出了这样一个定理，当时他设计了一套著名的比例关系，将股票价值与国内生产总值和资产重置成本进行了比较。运用托宾的模型，20 世纪 90 年代末，美国股市的市值自 1929 年以来首次超过了国内生产总值。在此以前，广大投资者从未如此狂热，为经济增长的预期支付如此巨大的溢价。从收益来看，那些愿意为标准普尔 500 指数支付溢价的投资者和电影公司没什么区别。电影公司向明星演员支付 5000 万美元的片酬，只为了制作一部只有 2000 万美元票房收入的电影。

巴菲特多次提到，价格最终必然会回归价值。早在 20 世纪 60 年代中期，分析师认为 IBM 公司将以 15%～16% 的速度持续增长。如果这一预期得以实现，那么到 1999 年末，IBM 公司的股票市值将达到 6120 亿美元，占美国经济产出的 7%，并且 IBM 公司的收入将是微软公司的 15 倍。如果沃尔玛的销售增长如分析师所言，那么它今天的收入将占整个行业的 14%。20 世纪 80 年代，美国加利福尼亚州的房价增幅是当地收入增幅的 3 倍。但是最终，一切投资都要回归到本来的价值水平，或者人们的支付水平上。

本杰明·格雷厄姆曾经指出，投资者面临的最大陷阱就是脱离价值看价格，脱离事实看价格，盲目跟风（或者说"别人都买，所以我也买了"）。如果你希望通过预测他人的交易而致富，那么请看格雷厄姆在 1949 年写的这句话："如果大家都做同样的事情，你就必须比其他人做得更好才能成功。"

摒弃华尔街的业绩预测

20 世纪最伟大的投资者们都相信投资收益无上限，他们拒绝"平庸"的业绩，总是努力超越同行。如果你想获得更高的投资回报，不妨回顾一下这些人的成功历史。他们每年都获得了 20% 的回报率，因为他们为了这个目标在不懈地努力。一个人不可能单靠运气和良好的自我感觉就能获得这样的业绩，市场不会一直眷顾平庸之辈。

在 20 世纪 90 年代的繁荣时期，投资者预期股市的年化回报率为 11%。事实上，多年来的数据表明，股市的长期回报率大致就是 11%。接受这个标准，意味着你只能走上平庸之路。太多的投资者盲目崇拜华尔街的数据和选股策略，而这些只能带来平均的市场回报率。有些人在投资组合中买入过多的股票，反而影响了业绩表现。有证据表明，一个人持有的股票越多，其回报率就越接近指数回报率（见第 4 章）。还有投资者持有很多垃圾股，这抵销了绩优股的回报，导致长期回报率很低。还有一些投资者过于激进，买入高溢价的股票，这种策略可能会一时奏效，但是长期来看也会降低最终收益。

经纪商、财务管理人、会计师和基金经理都试图说服投资者接受 11% 的年回报率。年复一年，11% 这个数字始终被重复着，仿佛 11% 就是牛市的标志。其实，11% 并非空穴来风，而是有历史依据的：1926 年至 1999 年，如果投资者买入一揽子大盘股，按照复利计算，得到的年回报率就是 11%。由于投资者在预测股市走向时没有其他的参照标准（事实上只有少数几个股票市场是从 20 世纪 20 年代开始运营的），他们只能依赖 11% 这个数据。然而，推测股价走向本身就是有风险的，因为股市不会按照人的预期发展。就在 1973 年和 1974 年的这次大熊市之前，许多人声称一个新的增长时代已经到来，股票注定会长期上涨。财务分析师们制作了大量精美小册子，告诉投资者应该把资金投给大型养老机构参与股市，因为市场将会长期上涨。

21 世纪初，人们提出了许多论据表明股市即将突破周期性。经济学家们也认为，美国制造业的生产力正在大幅提高，将创造一个高盈利的新时代。更有人认为，美国经济将不再受经济衰退的影响，并由此推断股市也不会再出现熊市。确实，许多市场策略师都认准了跳跃式发展的增长模式。他们希望投资者相信，股市将在现有基础上以每年 11% 的增速上涨。他们正在绘制一条平行于过去数十年趋势线的新趋势线。有句马后炮的解释："过往都是可参考的，但只有赚到钱才算数。"

不幸的是，市场并不依照公式发展，没人能够保证历史将会重演。美国股市 70 年来一直以 11% 的年增速上涨，这并不能说明未来 70 年会依然如此。因此，股市的过往表现并不能让人们预见未来几年的股市行情。投资者仅仅依赖于一些可疑的数据，而不去关注公司本身的经营业绩，是难以实现投资目标的。投资者的投资策略过于分散、排斥公司分析报告的作用、不进行事后的跟踪，这三个错误让大多数投资者都无法取得满意的回报。

想要投资成功，首先要抛开股市的原始数据，也不要把过往的回报当作分析的基础，因为这样做是错误且危险的。标准普尔 500 指数以 11% 的年增长率上涨，并不意味着它在未来几十年的回报率都会达到 11%。回报率可能只有 5%，也可能是 20%。根据巴菲特的经验，在恢复上涨之前，市场可能会在未来几年内出现负的回报率。但是好消息是，一旦投资者摒弃华尔街的营销话术，就不会再受到外部的影响，从而能够设定自己的目标。巴菲特告诉投资者，无论市场的平均涨幅是每年 10%、2% 还是 20%，投资者都有可能获得远超过市场平均水平的回报率。

正如我们在复利一节所述，时间的力量对那些能够领先市场的投资者更有利。如果投资者能够在市场平均回报的基础上略微增加一点收益，那么长期下来通过复利的作用也能取得惊人的回报。假如市场每年上涨 10%，投资者以 1 万美元为本金，每年获得 12% 的收益率，20 年后投资者将比市场平均收益率多赚 43%，30 年后将多赚 72%。如果投资者的回报率超过 12%，投资收益更会暴增；如果投资回报率是 14%，30 年后就能多赚 192%；如果投资回报率能够达到 16%，那么 30 年后就能多赚 391%。

当然，复利也能发挥反向的作用。如果年回报率为 8%，那么 30 年后的投资回报将比标准普尔 500 指数低 73%。投资中少数几个重大的错误就会大幅降低投资回报。长期持有表现不佳的股票，会让投资者距离投资目标越来越远；同样，过早地卖出一家表现强劲的公司，结果也是一样的。此外，投资组合过于宽泛，也会妨碍投资者获得超过 11% 的目标；相反，如果投资范围过窄，投资者就不得不精选持股，只要一次失误，就会让投资者很长时间缓不过劲来。

巴菲特在 1988 年的年报中强调，可以设定超越市场回报的目标，因为长期的复利会带来惊人的投资回报。他指出，从 1926 年到 1988 年，市场的年平均回报率是 10%。"这意味着，如果将每年的收益都进行再投资，那么 1000 美元将增长到 40.5 万美元。而 20% 的回报率将会带来 9700 万美元的收益。我们认为这是一个统计上的显著差异，会引起人们的好奇。"

怎样用数学预测股市的未来

沃伦·巴菲特很少对股市发表评论，也很少对宏观经济或利率走向发表意见。只有当他公开信息披露时，人们才能知道他的持仓变化，而这可能要在交易完成的几个月后才会公布。即便巴菲特的策略已经公开，但他依然对自己的投资意图守口如瓶，很少披露投资线索。因此，当他在 1999 年举办一系列演讲并公开评论股市时，投资者们非常感兴趣。巴菲特不喜欢长篇大论，他会仔细分析股市和经济的表现，并提出一个令人信服的预测，即未来几年市场的回报率将会持续走低。这些演讲于 1999 年 11 月发表在《财富》杂志上，摘录如下。他向投资者展示了如何运用数学预测股市并得出结论：投资者将不可能像以前一样从股市当中获得近年来相同的投资回报。

市场上下波动，股价有时会在很长时间之内与价值无关，但是价值最终会起作用。回顾一下 34 年来的股市表现——我们将看到一种近乎完美的对称性，通过大小年的变化去观察股市，首先观察 1964 年至 1981 年 17 年间发生的情况。

道琼斯工业平均指数：

- 1964 年 12 月 31 日：874.12；
- 1981 年 12 月 31 日：875.00。

在旁人眼中，我是一个长期投资者，以耐心著称，但是这种增长即使在我看来，也实在是太慢了。

这些年中，还有一些重要的事件发生：在这 17 年里，美国的 GDP 几乎翻了 5 倍，增长了 370%。再看另一个数据，财富 500 强企业（名单有更替变化）的销售增长了 6 倍多。然而，道琼斯指数却没有什么变化。

为了理解这种现象，我们首先需要了解影响投资结果最重要的两个变量之一：利率。利率对金融资产估值的影响，就像重力对物体的影响一样：利率越高，向下的拉力就越大……在 1964 至 1981 年间，政府长期债券的利率大幅上升，利率从 1964 年底的 4% 上升到 1981 年的 15% 以上。利率上升对资产价值产生了巨大抑制，只是我们通常更关注股票价格。

然后，在 20 世纪 80 年代初，情况出现了逆转。投资者会记得保罗·沃尔克（Paul Volcker）担任美联储主席的情景，还会记得他是多么不受欢迎。但是他做出了一个影响深远的举措——降低了通货膨胀，扭转了利率上升的趋势，随之产生了惊人的结果。

配合其他因素的共振，利率的力量推高了股市。这 17 年中，股票市场出现了这样的变化：假设你在 1981 年用 100 万美元买入道琼斯工业指数企业的股票，并将全部收益进行再投资，那么到 1998 年 12 月 31 号，你将获得 1972 万美元的收益，年回报率为 19%。

自 1981 年以来，股票价值的增长速度是前所未有的。1932 年 7 月 8 号，也就是大萧条时期股市处于谷底的那一天，如果你在当天买入股票，那么持有 17 年后的收益也比不上这一阶段的增长。

在这 17 年中，影响股价的第二个关键因素是公司税后利润。1929 年，公司利润占 GDP 的比重达到了顶峰，之后便急剧下降。从 1951 年起，这一比例降至 4%～6.5%。尽管到了 1981 年，这一比例已经接近谷底，但其仍在 1982 年降到了 3.5%。此时，投资者遭遇了两个巨大的难题：低利润和高利率。

投资者通常会用过去预测未来。这是他们的习惯，总是去看后视镜，而不是透过挡风玻璃向前看。而过去他们所看到的只会让他们对国家感到沮丧：高利率，低利润，和以前糟糕的情况一模一样。尽管 GDP 翻了 5 倍，但他们依然认为道琼斯指数应该和 17 年前一样。

那么，从 1982 年开始的 17 年里又发生了什么呢？GDP 没有像前 17 年那样上涨了 5 倍，只是上涨了不到 3 倍，但是利率开始下降。随着沃克尔政策影响的消退，企业利润开始上升。到了 20 世纪 90 年代后期，企业税后利润占 GDP 的比重上升到了 6%，处于"正常区间"。到了 1998 年，政府长期债券的比重下降到了 5%。

对投资者来说，最重要的两个因素发生了戏剧性的变化，这在很大程度上（尽管不是全部）解释了这 17 年中，为什么道琼斯指数从 875 点上涨到 9181 点，涨幅超过 10 倍。

当然，牛市开始时，市场心理也发挥了作用。在牛市当中，无论哪种类型的投资者都能赚到钱，这时人们就会蜂拥进入股市。他们不再关注利率和利润，而是觉得如果不抓紧时间买入股票就是犯错。事实上，这些人在基本面因素的基础上又加上了一个情绪因素，从而推动了牛市的发展。就像巴甫洛夫实验里的狗一样，当铃声响起时，也就是早上 9 点 30 分纽约股市一开盘，投资者就要进去买股票。随着这个过程不断强化，他们相信上帝希望他们能够致富。

如今，大多数投资者回想起这段过往，就会对未来充满信心。佩恩·韦伯（Paine Webber）和盖洛普咨询公司（Gallup Organization）在 7 月份发布的一项调查显示，在未来 10 年中，投资新手（投资经验低于 5 年）预期的年回报率是 22.6%，而那些投资经验超过 20 年的投资老手只有 12.9% 的预期回报率。

现在，我想说明一点，我们甚至达不到 12.9% 的回报率，可以通过研究价值的关键决定因素来证明我的观点。如果投资者要在 10 年、17 年或者 20 年的时间里获得丰厚的回报，那么必须至少满足以下三个条件中的一个，我先谈其中两个：

● 利率进一步下降；

● 企业盈利占 GDP 的比重进一步提高。

有人曾经告诉我，纽约的律师比市民还多。我想这些人也会认为，企业利润的总和能够超过 GDP。当你开始预期某一部分的增长能够超过整体时，就会陷入数学悖论。我认为，只有盲目乐观的人才会相信企业利润占 GDP 的比重能够一直保持在 6% 以上。能够让这个比例下降的因素就是竞争，而竞争无处不在。

那么，合理的假设会产生什么结果呢？假设 GDP 年增速为 5%，其中 3% 是实际增长，这是相当不错的成绩，再加上 2% 的通货膨胀率。但是如果利率没有进一步下降，那么股票的总价值不会增长太多。

回到 GDP 增长 5% 的假设，我要提醒大家，这有可能是回报率的上限：你不能在经济增长只有 5% 的时候指望 12% 的回报率，更不用说 22% 的回报率了。有一个事实无法改变：从长期看，无论哪种资产，其价值增速都不可能超过利润增速。

我认为今后 17 年中股票价格不会像过去 17 年中那样上涨，尽管很难拿出强有力的证据。如果要预测回报率，考虑分红因素，假设当前利率不变，通货膨胀率为 2%，在交易成本不断增加的市场中，投资收益率是 6%；如果扣除通货膨胀率，实际回报率仅为 4%（无论通货膨胀率如何波动，都要进行扣除）；如果 4% 这个数字有误，那么我相信回报率只会比这个更低。

第4章

巴菲特数学 201：四两拨千斤

前一章介绍了两种投资方法，都是遵循数学原理来提高投资组合的回报。第一种方式是复利，让时间发挥作用，帮助投资者从最中意的股票中获得最大收益。第二种方式是投资者要设定高回报率的目标。投资者千万不能仅仅满足于市场的平均回报率，而是应该设法提高投资回报率。比如，每年使投资回报率增加几个百分点，多年积累下来就能够增加丰厚的收益。正如我在前面介绍的，回报率只要每年提高四个百分点，在 30 年的时间里，投资回报就会比平均水平高出三倍。

数学家和其他领域的学者认为，这样的高回报预测是不可能长期持续的。他们认为要想持续获得这种"非正常"的高收益，投资者要么是在承担高风险，要么就是在"碰运气"。但是，巴菲特和他之前的几代价值投资者已经用实践证明，这个观点根本站不住脚。事实上，投资者不仅能够获得超越市场平均水平的回报，而且还不必承担过多的风险。本章将讨论巴菲特的另外三种投资策略，这些策略都帮助巴菲特取得了成功，当然也能够提高你的回报率。这三种策略的妙处在于，投资者不需要为此付出太多心血，甚至不需要精选个股，只需要保持理性即可。实际上，这和减肥有相似之处，少吃一点就能减重，同样，投资者少做一些无用功也能赚到更多的钱。

第一步：低价买入的优势

我清楚地记得，1999 年，一位老客户在电话中谈到了美国在线（America Online），他关注这只股票很久了，一直希望能够买入。

"我终于下决心买了，"他向我解释道，"我一直都想买这只股票，但是股价一直在涨。"

我问他："你一直认为股价太高，那么为什么现在又决定买入呢？"

"看这种涨势，我觉得未来还能涨，"他解释道，"我需要一个满意的投资回报，而现在能提供这种机会的股票实在不多。"

"低买高卖"这句话是不是出了什么问题？现在看来，投资者似乎都在"高买，然后更高卖"。我可以理解这位投资者期待高回报率的心情，但是从众跟风的策略正是投资大忌，这会让投资组合的潜力受到巨大的限制。既然投资目标是高回报，那么在买入股票之前，有必要评估一下股票的潜在回报。然而，大多数投资者并没有设定一个期望的回报率，比如 15%，或者两年内上涨 50%。尽管历史证明，股价只有在接近谷底的时候买入，而不是涨到顶部时买入才能获得高回报，但是他们依然被股价牵动，以高价买入，然后期待进一步上涨。

低价买入这一策略既适用于整体市场，又适用于个股，比如美国在线或者戴尔电脑。这两只股票在过去几年中涨势迅猛，潜在回报率可能会十分有限。有人相信戴尔电脑到 2002 年能上涨 20% 吗？甚至还有人说会上涨 4 倍。大多数理性的分析师认为，这只股票在未来数年内都很难上涨 2 倍。可惜的是，大多数投资者只看到最近几年的上涨，就推断未来还可以继续大涨。他们为自己错过了戴尔电脑在 1994 年至 1998 年间 60 倍的上涨而感到痛心疾首，因此现在争先恐后地买入。为了证明买入戴尔电脑的合理性，他们给自己洗脑，相信戴尔电脑股票还能再涨 60 倍。但是，这怎么可能呢？

20 世纪最伟大的基金经理巴菲特、本杰明·格雷厄姆、约翰·内夫、约翰·邓普顿爵士、菲利普·费雪、劳伦斯·蒂施、沃尔特·施洛斯（Walter Schloss）、菲利普·卡雷特（Philip Carret）等，他们都是价值导向的，这绝非巧合。几乎所有人都遵循着格雷厄姆在 20 世纪 30 年代制定的投资策略，在长达 40 年的时间里，格雷厄姆向数百名学生讲解过买入股价低于公司内在价值的优势。他说过，用 50 美元买入价值 75 美元的股票时，就拿到了打开高回报率大门的钥匙。价值被低估的股票最终将会上涨，而被高估的股票最终会回落。这种数学真理最终将为投资者带来更高的回报率。

从表面上看，格雷厄姆的原则以及巴菲特从他那里学习到的知识确实很有道理。如果投资者想要提升回报率，就必须尽可能地以低价买入股票。买入价格越低，预期回报就越高。如果你想通过买入英特尔公司的股票让自己的资产翻倍，假如能以 75 美元买入，就不要以 90 美元或 100 美元买入。同样，以 8 美元买入戴尔电脑的投资者，必然能够比花 18 美元甚至 38 美元的投资者获得更高的回报率。然而，巴菲特和格雷厄姆还有一点不同，那就是巴菲特更看重公司增长的潜力和质量。一只股票仅仅被低估是不够的，因为每天都有大量的"廉价股"在市场上交易。巴菲特知道，只有选择那些处于增长阶段的公司股票才能带来最好的回报，如果能以低价买入这样的股票，那么股价上涨的速度将会超过市场平均水平。

许多伟大的基金管理人用不同的方式实践着格雷厄姆的价值投资理念，并获得了高额的长期回报。约翰·邓普顿是将格雷厄姆的价值导向原则与逆向投资策略进行结合的典范。也就是说，当大多数人卖出股票时，邓普顿就买入；当大多数人买入股票时，邓普顿就卖出。约翰·内夫形成了一套独特的逆向投资方法，他强调在选股时要重视财务比率。沃尔特·施洛斯严格遵循了格雷厄姆的资产负债表原则，他只买入那些价格低于公司资产价值或者清算价值的股票。从1956年开始，他在40年的时间里轻松地战胜了市场。菲利普·费雪则是选择少数几只成长股并长期持有。

有时候，这些伟大的价值投资者会受到来自学术界的抨击，他们所取得的成就被学术界认为只是个案或者统计偏差。学术界认为，任意1000万个投资者当中，总能找出一些能够击败市场的人，就像轮盘赌一样，总有人能够连赢六次。但是，如何解释几乎所有的成功投资者都以价值导向为原则这一事实呢？巴菲特曾说："这群成功的投资者有一位共同的学术导师——本杰明·格雷厄姆。离开这位导师后，大家用不同的方式取得了各自的成就。这些人分散在各地，买入不同的股票和公司，创造出惊人的业绩，这绝不是偶然因素就能够解释的。这些投资者的共同点是：他们总是在寻找价值与股价不一致的公司。不用说，这些人不关心贝塔系数、资产定价模型或者股票回报协方差之类的数据，他们对此毫无兴趣。事实上，他们中的很多人根本不熟悉这些东西。他们只关心两个变量：价格和价值。"

在过去很长时间里，大量研究证实了这样一个定理：只有买入被低估的股票，而不是被高估的股票，投资者才能获得更多的回报。在这些研究中，具体用哪些指标来衡量价值则因人而异，只要在指标范围内买入股票，就能超越市场平均收益。例如，格雷厄姆发现，投资者买入价格低于净资产的股票，将会获得高额回报。之后的研究发现，买入价格低于公司账面价值的股票并长期持有，同样能够带来丰厚的回报。在过去很长一段时间，一些研究表明了"比率"投资的有效性：投资者可以根据股票的市盈率（P/E）、市销率（P/S）或市净率（P/B）进行选股，投资者选择这些比率处于低值范围的股票，将获得更高的收益。

无论采用何种方法，只要投资者足够"吝啬"，都能获得高回报。但是，投资者往往会失去理性，为那些看似诱人的股票支付溢价，当股市下跌时，又会随大流进行抛售。他们在潜意识里希望避开下跌的股票，而那些生性"吝啬"的投资者却更愿意选择这样的股票。如果对价值没有清晰的认识，投资者就不会对股价具有敏感度；如果没有对公司价值进行研究，就无法形成价值的观念。那些能够准确把握公司前景并能够在价格合适时主动出击的投资者和只会"抄作业"的投资者相比，拥有莫大的优势。

历史经验表明，无论是买入高增长科技股，还是买入低市盈率的工业股，或是买入指数基金，"低买"才是上策。例如，假设从 1970 年开始，每年年初以 5000 美元买入道琼斯指数的股票。到 1999 年底，这些投资将增长为 111.7 万美元，相当于年化 9% 的回报率。如果投资者用这笔钱在年内高点买入股票，那么收益大致相同，因为每年的年末前后，股市大概都会创下当年的最高点。

但是，如果投资者能在每年的股市低点投资 5000 美元，那么到 1999 年底，将会获利 150 万美元，比前者高出 34%。这种关系过去反复出现。在股价处于年度低点时买入股票，能为投资者带来更大的财富。表 4–1 显示了这个结果。

表 4–1　　　　　　低价买入的优势：5000 美元投资的不同收益

买入年份	在当年最高价买入（美元）[1]	在当年最低价买入（美元）[2]	差价（%）
1990	116 567	161 857	38.9
1985	251 020	365 173	45.5
1980	507 648	712 758	40.4
1975	814 268	1 119 331	37.5
1970	1 117 563	1 494 738	33.7
1965	1 413 305	1 858 216	31.5
1960	1 794 009	2 350 262	31.0
1955	2 315 573	3 096 563	33.7
1950	3 303 152	4 433 716	34.2

注：①假设在最高价买入。
　　②假设在最低价买入。

如表 4–1 所示，只要具有股价的成本意识，投资者就能够扩大受益，并且能够轻松超越道琼斯工业指数的回报率。而选择哪一年投资并不重要，关键是要在每年股价最低时买入，这样就能使投资收益增加 30%～45%，这是一个不容忽视的差距。当然，任何人都不敢保证股市的最低点和最高点会在何时出现。只有在回顾历史数据时，人们才能看出高点和低点。但有一个事实非常明确，那就是在股市下跌期间买入股票，要比在股市上涨时买入股票划算得多。投资者不一定非要在股价最低点买入，也可能比那些在高点附近买入的人获利更多。无论市场走势如何，这个事实都会反复被证实。无论投资者身处牛市还是熊市，股市的波动都足以让投资者有机会获得高额回报，因此投资者应该充分抓住这些机会。

第二步：集中资金

如今，对投资组合满意的投资者少之又少。有人后悔自己在牛市时选错了股票，导致收益跑输了指数。还有投资者埋怨自己盲目跟风，冲进了破灭的泡沫。也许，他们都遇到了一个普遍的问题：股票投资是否应该分散。然而，很少有投资者能够通过分散持股保持盈利。最坏的情况是，一些投资者会同时持有几十家公司的股票，其中很多都是华而不实的"花瓶"股。另外，还有一些投资者同时持有十多只共同基金，而很多基金又持有相同类型的股票。他们通过所谓的分散持仓来获得安全感。

然而，分散持仓是高回报的障碍，只有极少数专业投资者能够通过持有数十只股票获得超过市场平均水平的收益率。而他们当中，又有极小部分的投资者［如彼得·林奇（Peter Lynch）］能够依靠个人的选股技巧和勤奋取得成功。其他专业投资者通常都只持有几只股票，而这些股票幸运地带来了巨大的回报，从而使投资组合的回报率持续超越市场平均水平。一名基金经理如果获得 80% 的年回报率，就能开张吃三年，即使他的业绩在随后几年落后于市场。仅仅获得一次 80% 的回报率就能保证他的投资组合领先于道琼斯工业指数或标准普尔 500 指数好几年。

但是，像沃伦·巴菲特和菲利普·费雪那样伟大的价值投资者，从来都不采用分散持股的策略。他们敏锐地意识到，分散持股不仅不会给投资者带来长期利益，还会降低潜在回报率。在 1996 年的年会上，巴菲特告诉投资者们："分散持股是一种无知的借口。"一个人拥有的股票越多，就越难跟踪股票的盈利和亏损状况，也难以查明每家公司的财务和业绩情况。此外，分散持股也难以实现回报率逐年递增的目标。一旦投资者持有了 30 只以上的股票，提高回报就变得比在迈阿密港口绕着巡洋舰游泳还难。

持有超过 25 只股票的投资者的比例高得令人震惊。25 这个数字并不是关键，问题在于，在大多数情况下，投资者只对其中几只股票有所了解，并且这些股票当中也只有少数几只还算有吸引力。投资者担心一个篮子里装了太多鸡蛋，因此尽量分散持股，结果他们买入了太多自己不了解的公司的股票，而对自己了解的公司的股票又买的太少。他们从来都不知道，买入自己不了解的公司的股票，比没有分散持股更加危险。

理论上讲，适当分散的投资组合可以消除"非系统性"风险，也就是说，单只股票的波动不会对整个投资组合带来重大损失。通过持有 20～30 只或者更多的股票，投资者确实能够消除单只股票对整个投资组合的不利影响。当一只股票下跌时，会有其他股票上涨抵销其损失。但是，分散持股无法完全消除投资者的风险。当整个市场下跌时，即使是规模最大、运作最好的共同基金也会亏损。投资者永远无法规避"系统性风险"，也就是意外事件导致股市整体下挫的风险。有研究表明，投资者能做的就是将资金分散投资到债券和境外股票等多个地方，从而避免股市崩盘带来的致命影响。

像巴菲特这样的价值投资者是不会理会风险回报这套笼统的理论的，也不会像学者那样通过股价的波动来衡量风险。对巴菲特来说，风险来自投资者的懒惰，假如他们为股票支付了超出价值的溢价，就会承担风险。减少持有股票的不确定性，就不必担心股价异常波动导致的账面损失。巴菲特在 1994 年说过："我异常看重确定性，如果你也能这样做，那么关于风险的那套说法就毫无意义了。首先，你不要在风险大的地方去投资，其次，你要以低于价值的价格买入股票，这样就不会有风险。"如果一个投资组合包含 8～12 只股票，在低价时买入，并且有明显的增长势头，那么应该会得到更高的回报。

1999 年，基金经理兼巴菲特传记作家小罗伯特·哈格斯特罗姆（Robert Hagstrom Jr.）明确指出，分散持股只会导致业绩平庸。哈格斯特罗姆将 1979 年到 1986 年间的 12 000 个不同规模的投资组合按照收入和盈利进行排序。他将这些投资组合分为四组，每组 3000 个：第一组中的投资组合持有 250 只股票，第二组的持有 100 只股票，第三组的持有 50 只股票，第四组的持有 15 只股票。然后，他以 10 年和 18 年为期，列出每个投资组合的年收益率，并绘制了分析图表。选择一个较长的时间段，是为了在一个完整的经济循环期内观察市场变动对不同投资风格的影响。他的研究证实了许多高明投资者的预见：要想战胜市场的平均收益率，必须保持小规模持股数量的投资组合。

数据显示，随机选择的投资组合的回报率略低于同期标准普尔 500 指数的回报率，这是符合预期的。由于标准普尔 500 指数包含了 20 世纪 80 年代和 90 年代几乎所有表现最好的股票，而随机选择的投资组合多少会有一些业绩较差的股票，从而拉低了整体回报率。然而，哈格斯特罗姆发现，投资组合持股数量的差异将带来业绩的显著差别。具体而言，持有股票数量最多的投资组合之间的收益率差异不大，而持有股票最少的投资组合之间的收益率差异显著。持有 15 只股票的投资组合相比其他组合，可能会跑输市场，但是这类投资组合也有更大的可能性战胜标准普尔 500 指数。

在 1996 年之前的 10 年之中，标准普尔 500 指数的年收益率为 15.23%，哈格斯特罗姆研究的随机投资组合的回报率与此相似。无论持股数量多少，回报率在 13.75%～13.91% 之间，但是每组内的投资组合回报率却相差甚远。那些只有 15 只股票的投资组合年收益率在 4.41%～26.59% 之间，其中大部分集中在 11%～16%。持有 50 只股票的投资组合年收益率在 8.62%～19.17% 之间，其中大部分集中在 12.3%～15.4%。随着投资组合持股数量的增加，回报率的范围不断缩小。数据表明，随着投资组合持股数量的减少，回报率之间的方差也缩小了，但是回报率之间的差异扩大了（见表 4–2 和表 4–3）。"我认为这是令人信服的证据，"哈格斯特罗姆写道，"投资组合持股数量越少，回报率可能越高。"持有一个只有 15 只股票的投资组合，投资者有 1/4 的概率跑赢大盘，而持有一个 250 只股票的投资组合，跑赢大盘的概率会降到 1/50。

表 4–2	1996 年 10 年持有到期				
	投资组合（%）				
	15 只股票	50 只股票	100 只股票	250 只股票	标普 500 指数
平均收益	13.75	13.87	13.86	13.91	**15.23**
标准区间[1]	11.0～16.5	12.3～15.4	12.8～15.0	13.3～14.6	
最低收益	4.41	8.62	10.02	11.47	
最高收益	26.59	19.17	18.32	16.00	

注：[1]标准区间是投资组合 2/3 持仓的近似收益。

表 4-3	1996 年 18 年持有到期				
	投资组合（%）				
	15 只股票	50 只股票	100 只股票	250 只股票	标普 500 指数
平均收益	17.34	17.47	17.57	17.61	**16.32**
	17.47	17.47	17.47	17.47	17.47
	17.57	17.57	17.57	17.57	17.57
	17.61	17.61	17.61	17.61	17.61
	16.32	**16.32**	**16.32**	**16.32**	16.32
标准区间[①]	15.1～19.6	16.2～18.7	16.7～18.5	17.1～18.1	
最低收益	8.77	13.56	14.71	16.04	
最高收益	25.04	21.80	20.65	19.20	

注：①标准区间是投资组合 2/3 持仓的近似收益。

当然，正如哈格斯特罗姆的数据显示的那样，仅仅保持一个持有 15 只股票的投资组合是不够的，虽然这让投资者有更高的概率跑赢市场，但同样也有可能让投资者落后于市场的平均回报率。

要想让持股数量少的投资组合获得更多的利润，投资者必须懂得如何选股。巴菲特经常说，投资者应该在一生之中尽可能地聚焦于少数几只股票。对于那些信心不足、不敢重仓少数股票的投资者，巴菲特建议他们投资指数基金。巴菲特认为，指数基金的优势在于，它们能将税收和交易成本降至最低，并紧跟它们所代表的指数。另外，哈格斯特罗姆还证明，持有一段时间后，大多数主动管理型基金可能会跑输市场，因为它们持有过多的股票，没有精力和时间去详细了解每一只股票。

巴菲特表现出了他特有的沉着，1991 年，他这样说道："如果你的后宫有 40 个妃子，你永远都没法熟悉她们每一个人。"

第三步：关注成本

投资者经常问，如何才能提高投资组合的回报率，答案是培养成本意识。大多数投资者在选股的过程中由于交易频繁或者策略失误，无意间付出了一大笔成本。如果按照复利经年累月地计算，这些付出的成本能够达到几十万甚至上百万美元。

降低佣金

1975 年，佣金管制被取消，在此之前，许多投资者每完成一笔交易都要向股票经纪人支付数百美元的佣金。长期以来，这些令人不悦的费用成为高净值投资者数以万计的机会成本。假定投资者每年支付给经纪人的佣金为 5000 美元，经过 20 年的时间，他就向经纪人支付了 10 万美元。如果存下这笔钱，用复利计算，这笔佣金将变成 30 万美元甚至更多。

让我们继续假设，如果每年支付给经纪人的佣金不是 5000 美元，而是 10 万美元投资组合的 5%，那么这个投资组合的回报率是 10%。这样，在 20 年里，投资者将支付给经纪人 32 万美元。如果这笔佣金能够保留下来并进行再投资，那么 32 万美元将变成 70.6 万美元。显然，投资者无法完全不付佣金，但是可以尽量降低佣金。投资者可以与布朗经纪公司（Brown Co.，该公司每 5000 股收取 5 美元佣金）这样的经纪人合作，将可以节省下数十万美元。假设每年在布朗经纪公司进行 20 笔交易，投资组合为 10 万美元，回报率为 10%，那么 20 年后，投资者只需支付 2000 美元的佣金，折算之后的未来价值也只有 6400 美元。

将全部股息再投资

约翰·内夫是投资史上最耀眼的人物之一，在 1995 年 12 月退休之前，他已经在温莎基金任职 31 年。内夫是一位价值投资者，他会等到股价大幅下跌后再买入，并将股票分红进行再投资以实现收益最大化。

在掌管温莎基金的辉煌的 31 年里，内夫的业绩有 21 年超过了标准普尔 500 指数，年复合回报率为 13.9%，而标准普尔 500 指数的年复合回报率为 10.6%。也就是说，内夫在 1964 年投资的 1 万美元，到了 1995 年就累积成为 56.52 万美元；相比之下，投资标准普尔 500 指数的 1 万美元最终将获得 22.72 万美元的收益。令人惊讶的是，在内夫任职期间，投资者每年从基金获得的收入中分红收入占到 40%。内夫看得很准，只要能够找到股息率为 4%～5% 的股票，他就胜券在握了。这是因为投资者想要获得 10% 的平均收益率，如果有 5% 来自股票分红，那么股价只要上涨 5% 就能够实现目标了。

这就是内夫的独到之处。温莎基金的股价在这 31 年间仅翻了一番，从 7.75 美元涨到 15.55 美元，但是温莎基金每年都能获得高比例的股票分红，并将分红返还给投资者，因此多年来基金的资产净值几乎没有变化。在这里，复利再次发挥了作用。如果投资者把他从内夫基金得到的红利全部用于再投资，最初的 7.75 美元将变成 437.59 美元。第一年的红利再投资，复利计息 30 年，第二年的红利再投资，复利计息 29 年，以此类推，将全部红利再投资就能不断积累财富。

第 5 章

理解机会成本

沃伦·巴菲特的每一笔投资都依赖于数学，他也常常打趣自己对数学的痴迷。他曾开玩笑说，他花了净资产的 6% 为妻子苏珊买了一枚订婚戒指，这让他丧失了数百万美元的收益。他说自己每天喝几杯樱桃可乐，这些饮料简直就是"救命水"，为他提供了足够的热量，让他免于挨饿。他曾经为自己的高脂肪饮食进行辩护，认为自己在去世之前总共需要摄取 2500 万卡路里才能避免饥饿，因此"为什么不继续这样吃呢"。但是，巴菲特在向慈善机构捐款时非常谨慎，他要求基金会充分说明如何使用每一笔资金，甚至他的孩子们也要在达到他的要求之后，比如在规定日期之前减肥成功才能获得零花钱。巴菲特更喜欢和高中生或大学生而不是成年投资者交谈，因为他觉得学生会认真倾听他的建议。

数学也告诉我们，一个人只要有足够的耐心并且能够保持勤奋，不断投资，最终都可以积累下庞大的财富。一个人如果从 21 岁开始，每年节省几千美元，到退休时就能轻松积累到一百万美元。时间和复利的力量能够让一个持续储蓄的人在 65 岁或者 70 岁时积累到可观的财富。如果每年能够多存几千美元，那么他在退休时积累的财富就会更多。如果他在储蓄之外还能把资金用于投资股票，每年比市场平均收益多几个点，那么最终将能够多赚很多钱。

如今，大多数投资者都足够聪明，能够理解时间的力量，也很清楚通过投资为自己提供退休金远比领取政府福利更稳妥。然而，复利也是一把双刃剑。比如说，如果一项投资的年收益率是 20%，那么 30 年后它将膨胀成为巨大的资产。相反，如果错过这个收益率为 20% 的投资机会，那么投资者将面对同样巨大的损失。如果选股不慎，选了一只股票每年只上涨 5%，这笔钱本来可以投资于收益更高的股票，这样一来可能会让投资者损失很多钱。如果今天投资失误，或者干脆没有投资，那么投资者在未来都会遭受损失。

投资者时刻面临无数投资机会。他可以用现金买入英特尔的股票，也可以去装修房子，或者到饭店美餐一顿，还可以买一条新裤子和一套高尔夫球杆。他还可能要面临二选一的情况，是买一辆新车，还是为孩子建立一个教育基金。无论怎样选择，每一笔支出都将带来有形或无形的回报，否则你就不应该花费这笔钱。一旦做出决定，不管是买入英特尔的股票还是买一块新地毯，投资者都要考虑机会成本。

每一笔投资的目标都是将投资回报最大化。企业在资本项目上花费的每一分钱都会争取创造出尽可能高的回报。因此，每一个投资项目都应该是经过精挑细选的最佳项目，否则企业就应该将资金投入回报更高的项目上。作为一名投资者，每一笔支出都是一次投资，可能赚钱也可能赔钱，毕竟钱都只能花在一件事情上。要让每一分钱获得适当的收益，就要比把钱花在其他地方获得更多的收益。

我们应该以同样的方式看待投资。由于市场上每天都有成千上万个投资机会等着我们，需要仔细甄别，去找到那些符合我们认同的风险回报特征的股票。同样，我们也应学会通过与标准普尔 500 指数或者其他指标进行对比，来衡量我们的投资。如果标准普尔 500 指数一年上涨了 20%，而投资组合只上涨了 8%，那么这笔投资的机会成本就太高了，即这笔投资令投资者损失了 12% 的额外收益。

曾经有人开玩笑说，如果微软创始人、世界首富比尔·盖茨在人行道上看到一张 100 美元的钞票，他会视若无睹地走过去。1999 年底，盖茨的身价已经达到 850 亿美元，他不值得花时间去捡一张 100 美元的钞票，因为这个瞬间可能会让他浪费掉更多的钱，总之，捡钱不划算。对他来说，为了得到 100 美元，而花费超过赚取 100 美元所用的时间，有什么意义呢？

但是，沃伦·巴菲特不会这么看。在他看来，这张 100 美元的钞票不应该以面值评估当前的价值，而要以未来的价值去评估。比如，巴菲特拿这 100 美元去投资，假设年收益率为 25%，抛开通货膨胀的因素，10 年后这 100 美元将变成 931 美元，30 年后将达到 80 779 美元。如果这样算这笔账，盖茨可能会考虑停下脚步，花几秒钟的时间弯腰捡起这 100 美元。事实上真的有一回，有人看见巴菲特在去办公室的电梯上捡起 1 毛钱硬币，并对周围目瞪口呆的人说："这是下一个 10 亿美元的开始。"

要理解巴菲特的理念，必须从数学的角度出发，并运用上文所示的计算方法。对他来说，哪怕是非必须支出的一分钱都将在未来变成大量美元。因此，任何支付或者不支付的消费选择都有可能促进或者削弱你的财富。回报的大小取决于投资收益率。无论你是把钱花在不赚钱的股票上，还是花在不必要的消费或享受上，这一原则都适用。

2000 万的汽车更吸引人吗

当能够以 20% 或更高的收益率积累财富时，像巴菲特这样的投资者多半会选择成为一个"净储蓄者"而不是"净消费者"。巴菲特知道，今天多花一美元，明天就会损失数万美元。同样，如果花高价买了错误的股票，多花的钱也会抵销潜在的收益，这都会严重侵蚀他的投资组合净值。

比如说，你有能力也有意愿买一辆车，一辆是 5 万美元的宝马，一辆是 2.5 万美元的丰田。你会选择哪一辆？经济学家会建议你选择功能最强的。但是实际情况往往比这复杂，因为情绪和非理性的标准会引导你的偏好。宝马会让车主更有面子，也会带来更多的驾驶乐趣，这两点好处是难以用金钱衡量的。相反，丰田或许更实用更省油，这些优点更容易被量化。

对投资者来说，2.5 万美元的丰田和 5 万美元的宝马之间的区别就是机会成本。也就是说，如果你选择了宝马，要多花 2.5 万美元。如果把这 2.5 万美元用于投资，年收益率为 15%，30 年后这笔钱将变为 1 655 294 美元。这也是买下宝马之后你所放弃的金额。这样算下来，宝马比看上去贵多了，对吗？如果按 20% 的复利计算，30 年后这笔钱将变为 593.44 万美元。而如果收益率达到 25%，购买宝马就意味着放弃了 20 194 839 美元。

你看，消费的数学解释了消费的结果。表 5–1 显示，不必要的消费会让人损失多少未来的收益。每次到电影院看一次电影，而不是花 3 美元租一部录像带，会让你在 30 年后损失 1.7 万美元（假设年收益率为 25%）；如果每月能在取暖费上省下 20 美元并用于投资，那么长期能帮你赚到 19.4 万美元

（具体取决于收益率）。如果每个月买彩票，那么 30 年后将损失超过 20 万美元，而和全家去一次迪士尼公园，估计会让你少收入 200 万美元。

表 5–1　　　　　　　　　　30 年内日常消费造成的投资损失

	预期投资收益（美元）		
	15%	20%	25%
买一辆 5 万美元而不是 2.5 万美元的车	1 655 294	5 934 408	20 194 839
买入 1 万美元的股票收益为 0	662 117	2 373 763	8 077 936
四口之家迪士尼度假	166 529	593 441	2 019 484
一天抽 2 包烟	128 120	459 323	1 563 081
每月两次外出用餐	19 864	246 871	840 105
每周花 20 美元购买品牌日用品	68 860	246 871	840 105
旺季旅游消费 1000 美元	66 212	237 376	807 794
买一套 1000 美元而不是 250 美元的西服	49 659	178 032	605 845
赌博每月输掉 50 美元	39 727	142 426	484 676
一年内每天开车 30 英里上班（油费）	47 275	169 487	576 765
一年内每周花 5 美元买彩票	17 215	61 718	210 026
每月 20 美元取暖费	15 891	56 970	193 870
四口之家观看棒球比赛	8608	30 859	105 013
每月而不是每两个月理发一次	3973	14 243	48 468
买一瓶 25 美元的酒	1655	5934	20 191
去电影院看电影而不是租碟片	1457	5222	17 771

理性储蓄者巴菲特

这样计算，并不是为了劝你为了赚钱而放弃自己的娱乐和爱好，只是为了说明巴菲特这样的投资者对各种消费行为的成本具有本质的认识。如果能像巴菲特那样以很高的收益率积累财富，那么你就应该做一名储蓄者而不是消费者。如果你并不需要 5 万美元的宝马，为什么不接受 2.5 万美元的丰田、凯迪拉克或者林肯呢？这样你就能在未来入账几百万美元了。巧合的是，在撰写本书时，巴菲特驾驶的正是一辆使用很多年的林肯汽车，这辆车的价格应该不到 1.5 万美元。

巴菲特的节俭习惯和机会成本在本质上是一致的。由于总能保持较高的收益率，因此他会小心确保家里的钱不会被浪费，尽管他买得起任何想要的东西。如果巴菲特过着更加奢侈的生活，花钱更加大方一些，那么由于复利的原因，他将少赚几十亿美元。例如，他在 1969 年关闭合伙投资基金时，已经拥有 2500 万美元。如果他没有把全部资金用于再投资，而是在奥马哈买了一栋价值 500 万美元的豪宅，再花上 100 万美元进行装修，那么到 1999 年，他的财富会减少 50 亿美元。

巴菲特不得不做出这样的选择，因为他的机会成本非常高。相比之下，一个没有机会成本的人，也就是从不投资或者投资赚不到钱的人，可能就会像表 5–1 中的情况一样进行消费。机会成本为零的家庭可以成为净消费者，不会对其长期财富造成不利影响，但对巴菲特来说，省下的钱可以通过复利获得收益。众所周知，少年巴菲特从杂货店一次批发 12 瓶可口可乐，从而获得折扣，而每年节省下来的钱都用来进行投资增值，这为他带来了数千美元的收益。

第6章

收益最大化——买入并持有策略

我曾和一个朋友一起去赌场碰碰运气，他在玩骰子游戏时输掉了大约200美元，看着他每次下注5美元，期待赢回25～200美元的样子，回想起来真是很可怜。

他从来没有意识到，他的胜算其实是微乎其微的。要想赢钱，就必须用8个骰子掷出45点，也就是说每个骰子的平均点数是5.6点。根据概率，最有可能掷出的点数是24～32点，而这恰好会让我的朋友损失5美元，使得他更想在下一把赢回来。

我的这位朋友当时对这一游戏表现出的狂热和随之而来的沮丧，让我想起股市择时和日内交易的现象，这几乎已经成为牛市的两大骗局。在过去几年里，已经有足够多的案例证明了我的观点。虽然许多投资方面的畅销书一再鼓吹要看准时机进行频繁交易，但是事实却与此截然相反。短线交易从未给投资者带来任何长期收益，并且大多数短线交易者都会赔钱。但是这些实锤并未降低大批投资者进行短线交易的热情，他们对此趋之若鹜，希望获得暴利。在20世纪90年代初，投资者的平均持股时间是两年，而到了1999年，他们的平均持股时间缩短到了一年多一点。

巴菲特讨厌短线交易。对他来说，这纯粹是浪费资金，还会拉低投资者的回报率。更坏的是，这种行为还会扭曲股票的合理定价，可能促使管理层采取非理性的行动来扭转投资者的偏见。1988年，他在给股东的一封信中写道："理性的股东才能带来理性的股价。"股票交易就像经济体的巨大虹吸管，它将资金从生产领域中抽取出来，投入到金融领域。

巴菲特曾半开玩笑地建议，美国应该对持有不足一年的资本交易征收100%的资本利得税。"大多数投资者应该坚定持有自己的头寸，投资决策应当取决于公司在持股期间的盈利情况，而不是股价的波动。"20多年前，他对《奥马哈世界先驱报》表示："正如经营公司不能过分关注短期得失一样，买入股票也不要沉迷于短期的收益，那样是很不明智的。"

当然，那些在互联网上频繁交易的投资者或许对自己颇为自信，认为自己成功在即，即使他们的收益只是沾了牛市的光。自1998年初以来，在互联网上做短线交易的个人投资者数量大增，互联网股票的神话和在线交易的方式让他们奋不顾身地冲了进来。他们认为每天只要敲几下键盘就能赚到钱。

市场分析师兼投资经理查尔斯·埃利斯（Charles Ellis）在1975年用一个公式总结出一条规律：交易越频繁，收益率越差。埃利斯发现，导致回报率偏低最重要的因素就是佣金。投资者交易次数越多，支付的佣金就越多。因此，如果投资者要获得超过市场平均水平的收益率，就需要每笔投资都能超过市场平均水平。例如，如果投资者希望自己的年收益率超过市场平均收益率5%，而预期市场将上涨10%，那么每一笔投资的收益率就需要达到15%，这是排除佣金的情况。由于佣金和交易商差价平均占交金额的 2%，因此投资者的平均收益率就要比 15% 还要高，比如达到 18%。但是，如果投资者平均持股不到一年，也就是资金周转率超过 100%，那么每笔投资的收益率要高于 18% 才行。埃利斯认为，如果资金周转率超过 200%，除非每笔交易都能高出市场平均收益率几个百分点，否则投资者不可能跑赢市场。

1998 年，美国加利福尼亚大学戴维斯分校的金融学教授特伦斯·奥迪恩（Terrance Odean）和布拉德·巴伯（Brad Barber）进一步证明了频繁交易会导致收益下降的论断。奥迪恩和巴伯详细分析了 1990—1996 年这六年内 7.8 万投资者的交易情况。有趣的是，他们发现大部分投资者的平均收益率和标准普尔 500 指数基本持平。在这六年间，投资者的年收益率为 17.7%，略高于市场 17.1% 的增长率。然而，扣除佣金和买卖差价之后，投资者的净回报率为每年 15.6%，落后于市场 1.5 个百分点。交易次数越多，收益率越低。

奥迪恩和巴伯还发现，以投资组合的周转率衡量，其中交易最多的 20% 的投资者的净收益率只有 10%，而交易最少的投资者的净收益率是 17.5%。换句话说，投资者最大的敌人是自己。如果他们少去调整自己的投资组合，本可以获得令基金经理羡慕的回报率。无奈的是，为了追求更好的收益，他们不自觉地犯了很多错误。如果以 10 年或者 20 年为期计算复利，10% 和 17% 回报率的结果将会差距巨大。研究的结论是，频繁交易和以此产生的交易成本是投资表现不佳的原因。研究还指出，投资者会因为"过度自信"的心理而进行频繁交易。他们往往认为投资成功的原因是自己超高的选股能力，而不是牛市带来的机会。他们越发相信自己可以完美地抄底逃顶，每次出手都能获利。然而，埃利斯多年前就已经指出，这些投资者在不知不觉中变成自己的障碍。

巴菲特展现自信的方式完全不同。将巴菲特与奥迪恩和巴伯研究的那些投资者进行比较，就像把不买彩票的人和职业彩民进行比较一样。买彩票上瘾的人总是安慰自己，"这周将是我的幸运周"，或者相信自己研究出来的选号系统绝对正确。而那些不买彩票的人有足够的自信，相信自己能够在其他地方赚到更多的钱。他不会每周花 5 美元去买一张只有七百万分之一的概率中 1000 万美元的彩票，因为他知道不靠赌博就能赚到 1000 万美元的方法还有很多。

事实上，巴菲特对自己的选股能力非常自信，因此他总是长期持有买入的股票。他相信不进行频繁交易，而是通过长期持有几只精选的股票就能创造高额回报。"你所要做的就是，以低于内在价值的价格买入一家伟大公司的股票，这家公司要有高度诚信和能力强大的管理层，然后就是长期持有。"他在 1990 年对《福布斯》记者这样说。

巴菲特也是这样做的，他的投资组合集中长期持有少数几家公司的股票。20 世纪 70 年代中期开始，巴菲特就开始买入《华盛顿邮报》的股票，最终买入 186.9 万股。1985 年，他卖出了 10% 的股份，剩余 172 万股一直持有至今。1989 年，他买入 9.6 亿股吉列公司的股票并持有至今。由于三次拆分，最初买入的普通优先股已经转为 1200 万普通股。尽管最近可口可乐公司的收入和利润出现下滑，但是巴菲特却表示，不会卖出所持有的 2 亿股可口可乐公司的股票。

巴菲特从 21 岁时开始研究并买入 GEICO 的股票。据报道，他在这只股票上的第一笔投资在一年内获得了 50% 的回报。后来，在华尔街普遍认为 GEICO 要破产的时候，他就开始收购这家公司的股票。到 1983 年，总共持有 680 万股。经过 5:1 的拆分，持有的股份已经超过 3400 万股，持股比例达到 51%。1995 年 8 月，他宣布买入该公司剩余 49% 的股份，并将其纳入伯克希尔·哈撒韦公司的麾下。

这种耐心最终得到了回报。20 世纪 70 年代巴菲特在 GEICO 投入的 4500 万美元，到 1995 年变成了 24 亿美元（20 年内增长了 54 倍）。他持有《华盛顿邮报》的股票多年，在此期间，最初投资的 1060 万美元到 1999 年底已变成 9.3 亿美元，增长了 86 倍。这些年里，华尔街的券商反复建议投资者买卖《华盛顿邮报》的股票，而巴菲特却始终持有这些股票，最终获得巨额收益。1984 年，他卖出了部分股票，自那以后，就再也没有为《华盛顿邮报》这只股票缴纳过一分钱的资本利得税。

很少有投资者有机会吹嘘一项获利 86 倍的投资，因为几乎没有人能够坚持如此长的时间去持有一只股票。尽管过去几年中，戴尔电脑、高通公司或美国在线等几只股票在几年之内暴涨了 80 倍，可是又有几个人能够拿到全部收益呢？这些股票上涨如此之快，那些频繁交易的投资者功不可没。高换手率看似带来了收益，但大部分投资者却都陷入了市场短期彩票的赌博当中。

持有时间决定了获利概率

    1999 年 9 月 16 日,《巴伦周刊》一篇文章提到,任何短线投资者都不可能击败市场。"如果你在一次交易中挣了 125 美元,但支付了 50 美元的佣金,那么你的净收入只有 75 美元。如果你亏损了 125 美元,加上佣金,你的净亏损是 175 美元。"文章指出,对于很多日内交易者而言,要想获得 8 个点的收益,需要获得 75% 的胜率,也就是每 4 次交易中需要获利 3 次。只有这样,才能保证不会亏损。理论上说,这几乎是不可能的。从短期来看,市场是随机的、不可预测的。就像轮盘赌一样,下一次出现红色和黑色的概率各占一半,股票下一次的涨跌概率也是各占 50%。随着时间的推移,这个游戏的胜率只有 50%。

    如果再加上佣金的因素,胜率就会急剧下降。假设投资者有一个 10 万美元的投资组合,并且在一年之内进行了 100 次交易,其中有一半每笔盈利 500 美元,另一半每笔亏损 500 美元,净收益为 0。但是,假设每笔交易(买卖两侧)的佣金为 50 美元,那么投资组合实际亏损 1 万美元。只有胜率达到 60% 的时候,才能保证不亏钱。要想获得 10% 的收益,胜率必须达到 70%。要想获得 20% 的收益,胜率需要达到 80%。那么有可能达到 70%～80% 的胜率吗?当然可能,但不是通过短线交易。

    图 6-1 至图 6-4 表明了 1989 年到 1999 年间标准普尔 500 指数的股价变动情况。假设投资是随机的,即投资者在 10 年中的每一天都随机选取标准普尔 500 指数中的一只股票。图 6-1 至图 6-4 显示了所选股票在一段时

间内的盈利概率，这里选定的时间跨度是 1 个月、3 个月、1 年和 5 年。这些数据有力地证实了一点：无论投资者的选股能力如何，持有时间越长，胜率就越大。

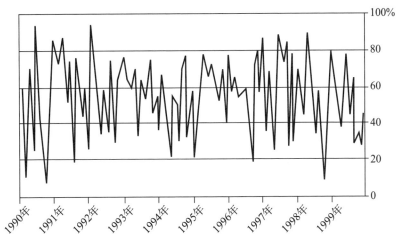

图 6-1 假设任意买入标准普尔 500 指数股票预期收益（持有 1 个月）

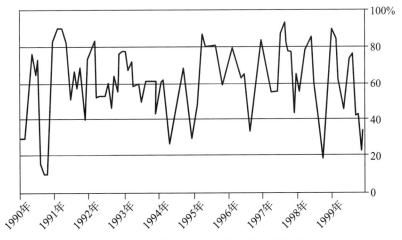

图 6-2 假设任意买入标准普尔 500 指数股票预期收益（持有 3 个月）

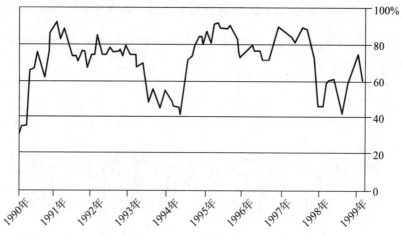

图 6-3　假设任意买入标准普尔 500 指数股票预期收益（持有 1 年）

　　例如，1989 年至 1994 年期间，投资者在其中任何一天买入标准普尔
500 指数中的股票并持有 5 年，胜率都能够超过 80%。在有些年份，胜率甚
至能够超过 90%。也就是说，无论哪天买入一只标准普尔 500 指数的股票（无
论哪一天或者哪只股票），盈利和亏损的比例都是 8:1 或者 9:1。

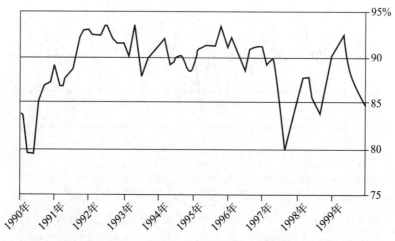

图 6-4　假设任意买入标准普尔 500 指数股票预期收益（持有 5 年）

当然，牛市能够提升胜率。连续几年上涨能够帮助投资者提高胜率。但是如图 6–1 至图 6–4 所示，投资者持有股票的时间决定了胜率。

总体而言，如果持股的时间只有 1 年，那么赚钱的概率依然很高，但是也会面临很多的风险。在这一年中，择时很关键，投资者亏损的风险也相应变大。如果投资者持有 5 年，那么无论如何择时，交易的胜率都接近 90%。相比之下，持有 1 年的策略胜率大约在 70%。而在某些时点，持有 1 年的策略胜率甚至会低于 50%（亏损的概率更大）。

持股时间越短，收益将会变得越随机，并有可能大幅降低。如果持股时间为 3 个月，那么胜率将会低于 60%。当胜率低于 60% 时，扣除交易成本，投资组合将出现亏损。回顾一下图 6–1，可以看出投资者在 1 个月之内投资遭受亏损的时段增多了，也就是说，投资者选到亏损而非盈利的股票的概率增加了。例如，如果在 1998 年或 1999 年夏天买入一只标准普尔 500 指数的股票（无论哪只股票），那么这只股票的胜率会低于 20%，因为标准普尔 500 指数中的股票当中，有 80% 的股票会在随后的 3 个月内下跌。

持股时间越短，随机性越大。表 6–1 中显示的持股 1 个月的胜率就能说明这一点，表中显示收益呈现出高度的随机性和不可预测性。有些时候，标准普尔 500 指数中的股票有超过 80% 会在一个月内上涨，如果幸运地抓住这个时机，就能获得高额的回报。相反，有时绝大部分股票都会在某个月份下跌，此时无论投资者的选股能力如何，都会发生亏损。

事实上，在 10 年的研究期间，持股 1 个月的交易策略的胜率仅仅稍高于 50%。这个胜率或许能让投资者在拉斯维加斯赢到钱，但是在华尔街，这个胜率只会亏损。如果全部短线投资只有一半能够盈利，那么投资者在支付佣金和买卖差价之后，最终就会赔钱。这种投资真的没比轮盘赌好到哪儿去。

表 6–1 持有标准普尔 500 指数股票的胜率

买入时间	胜率（%）		
	1 个月	3 个月	1 年
1998 年 8 月	8.9	46.1	63.0
1998 年 2 月	89.3	87.3	58.8
1997 年 3 月	24.1	74.4	83.8
1996 年 11 月	86.4	76.9	88.4
1996 年 7 月	19.1	61.4	81.1
1995 年 2 月	78.1	81.0	90.1
1994 年 3 月	20.5	35.9	56.6
1992 年 11 月	76.1	77.0	75.5
1991 年 12 月	93.2	83.4	85.1
1991 年 11 月	25.4	75.3	72.9
1990 年 8 月	5.6	10.9	71.9
1989 年 11 月	60.2	31.9	29.3

这些统计数据表明，短线交易的光环无疑会变得更加黯淡。除了个别成功者之外，数学定理会让大部分投资者被利益的诱惑吞噬。人们虽然很喜欢骰子游戏，但是长期玩骰子游戏不会有任何好处。

换手率的社会惩罚成本

总体而言，短线交易不仅会影响投资组合的表现，还会拖累整体的经济形势。因为资金本应用于提高生产效率和企业利润，但是现在却被浪费在频繁交易产生的佣金和差价之中。

教科书上说，投资者应该买入股票，以获得公司的分红。如果投资者持有默克公司（Merk）200 股股票，每股收益为 3.50 美元，那么投资者应获得 700 美元的收益。当然，他不可能跑到默克公司总部去要 700 美元的现金。如果投资者足够聪明，应该让默克公司用这笔钱进行再投资，随着时间的推移，700 美元有可能变成 7000 美元。股价会随着利润的增长而上涨，届时可能会为投资者带来 10 倍的收益。

但是，如果投资者买入股票付出的成本超过收益，那会怎样呢？这种情况经常出现。投资者在股市上频繁交易，不得不付出更多的佣金和差价，而这些成本比得到的分红还要多。巴菲特认为这种情况不合逻辑。他在 1999 年的一次私人商务聚会上说："请记住，这是一个被人们忽视的事实，投资者的收益全部来自公司的盈利，并没有其他额外的收益。"

表 6–2 显示了短线交易的成本。在多数情况下，买入和卖出股票所产生的交易费用合计将超过投资者预期的收益总和。看看下面的例子：

到 2000 年 2 月，雅虎公司的股票以每年 10.8 次的速度换手（即平均每 33 天换手一次）。当时，雅虎公司已发行 3.98 亿股，年交易量为 43 亿股。为方便计算，假设投资者买卖雅虎公司的股票时要支付 0.125 美元的差价和 0.06 美元的佣金，那么雅虎公司 43 亿股的交易成本就是每年 7.96 亿美元。然而，雅虎公司一年的净利润只有 1.55

亿美元。换言之，为了获得公司 1 美元的红利，投资者愿意倒贴 5 美元的费用。

表 6–2　　　　　　2000 年 2 月部分标准普尔 500 指数成分股的换手率

公司名称	流通股（百万美元）	年成交量	换手率	交易成本（百万美元）	公司预期盈利（百万美元）
雅虎	398.0	4301.8	10.8	796	155
来爱德	258.9	1178.0	4.6	218	65
大众软件	268.5	1033.9	3.9	191	62
施格兰	432.6	278.9	0.6	52	17
康卡斯特	751.9	1261.7	1.7	233	83
伯利恒钢铁	131.5	315.4	2.4	58	24
美国在线	2201.8	9763.2	4.4	1806	771
霍姆斯塔克矿业	228.0	420.0	1.8	78	34
卡宝龙系统	172.2	663.0	3.9	123	62
网域存储	145.7	535.3	3.7	99	60
夸尔电讯	646.4	5607.5	8.7	1037	679
参数技术	268.1	1054.6	3.9	195	131
赛灵思	312.5	1713.6	5.5	317	228
思杰系统	171.8	1054.3	6.1	195	146
盛骏	326.6	1474.5	4.5	273	242
科磊	174.9	1067.9	6.1	198	194
甲骨文	2862.3	8141.0	2.8	1506	1631
希捷科技	228.7	601.0	2.6	111	121
罗湾公司	83.2	252.8	3.0	47	53
3Com	357.6	2132.5	6.0	395	451
越洋赛得科	100.6	420.1	4.2	78	89
贝克休斯	327.1	581.7	1.8	108	131
马特尔	286.1	851.5	3.0	158	197
坤泰斯	78.0	470.4	6.0	87	112
清频通信	263.6	362.1	1.4	67	87
太阳微系统	1554.7	5362.5	3.4	992	1415
ADC 电讯	300.3	1003.4	3.3	186	270
康博软件	367.9	1525.2	4.1	282	453

续前表

公司名称	流通股（百万美元）	年成交量	换手率	交易成本（百万美元）	公司预期盈利（百万美元）
安德鲁	82.2	219.6	2.7	41	67
戴尔电脑	2543.0	7431.6	2.9	1375	2289
LSI 逻辑	282.8	1065.3	3.8	197	328
百得百思	139.4	381.9	2.7	71	121
纽蒙特矿业	167.2	414.5	2.5	77	139
博思软件	236.6	1182.4	5.0	219	412
环境旅行	190.0	486.2	2.6	90	171
艾尔莎	87.3	385.6	4.4	71	137
科胜讯系统	392.8	939.8	2.4	174	338
卑尔根	147.1	724.2	4.9	134	271
国家半导体	169.1	600.8	3.6	111	237
阿戴普科技	105.5	500.3	4.7	93	199
沛齐	246.3	448.3	1.8	83	180
康柏电脑	1698.0	4476.9	2.6	828	1834

　　到 2000 年初，投资者持有仁科公司（PeopleSoft）股票的平均时间为 92 天，假定佣金为 0.06 美元，买卖差价为 0.125%，那么买卖股票的成本是每年 1.91 亿美元，但是公司的利润只有 6200 万美元。投资者每年向美国在线支付的手续费达到 18 亿美元，而美国在线的利润仅为 7.71 亿美元。高通公司、甲骨文公司和戴尔电脑公司等其他几只股票的交易同样非常频繁，投资者愿意每年支付 10 多亿美元的成本来换取这些公司的小部分收益（见表 6-2）。

　　1999 年，苹果电脑的平均换手率是 7 次，投资者的平均持股时间仅为 50 天。虽然苹果公司只有 1.75 亿流通股，但是全年的成交量超过 13 亿股。个人和机构股东为此支付了 4.5 亿美元的佣金和买卖差价，然而公司的净利润只有 3.85 亿美元。

投资者在互联网股票上更加疯狂，他们为一些并不盈利的公司支付着数亿美元的佣金和差价。这些人收回投资本金的唯一希望是继续击鼓传花。然而，在只有几个月的时间里，谁能保证这种事情一定能够如愿呢。

如果你我二人进行交易，我们可以规避交易成本，那是因为我们的交易当中不会有经纪人的参与。但在现实中，投资者有更换投资标的的习惯，或者至少要打听一下是否应该更换标的的建议之后才能放心，而这种服务需要花费很多钱。他们所承担的费用（我称之为摩擦成本）由多方面构成，包括差价、佣金、销售费用、管理费用、托管费，甚至还有金融出版物的订阅费用。不要以为这些是小钱而不值得一提。如果投资者要计算一项投资的收益，难道不需要扣除管理费吗？当然要扣。投资者在计算投资回报时，必须算清楚他们所承担的摩擦成本。

摩擦成本是怎么来的呢？据我估计，美国股市的投资者每年要支付大概 1300 亿美元用于各种交易费用，或者用于购买投资建议。其中可能有 1000 亿美元用于支付买卖《财富》世界 500 强企业股票的各种费用。这相当于投资者将他们从《财富》世界 500 强企业获得的利润（1998 年总计 3340 亿美元）的 1/3 付给了经纪商。当交易完成后，持有《财富》世界 500 强企业股票的投资者所投资的 10 万亿美元获得的利润只有不到 2500 亿美元。在我看来，这简直是"不值一提"的投资，因为这个成本看上去高得离谱。我曾见过一幅讽刺漫画，漫画中的新闻评论员说道："今天纽约证券交易所没有任何交易，每个人都对自己的持仓非常满意。"如果真是这样，投资者每年都能省下 1300 亿美元。

　　股票的高换手率虽然备受经纪公司重视，但是并不能为投资者创造任何价值。当然，这种观点势必会引发学术界的争论。如果投资者能够持有一只股票长达数年，那么公司的利润带给投资者的回报将远超股票交易的佣金。然而，现实中的投资者却极少能够长期持股。如果当前的趋势保持不变，那么标准普尔 500 指数中的 300 多只股票将在 2000 年至少换手一次。如果投资者持有股票的时间较短，那么连年末分红都无法享受了。

　　如果频繁交易年复一年地持续下去，会出现什么状况呢？巴菲特警告人们，如果继续这样下去，长期持股对于社会的经济效益将被忽视，更多的资金将从生产领域转移到资本市场进行交易，而不是通过利润分配进入盈利的领域进行再生产。如此一来，为了获得 1 美元收益所付出的交易成本将远远超过 1 美元。唯一创造的价值也是账面上的，而这也会被萧条的市场吞噬。我们不能只是责备鲁莽的个人投资者造成了这个局面，因为股市 60%～75% 的交易量都是由共同基金和其他机构贡献的，它们才是真正的罪魁祸首。它们的短期导向以及"随时待命"的交易习惯，造成了巨大的资金流失和浪费。如果能够长期持股，资金将留给投资者，从而为投资者提供更好的收益。

　　上市公司对此也有责任，因为它们变相鼓励了高换手率。上市公司高管们通过发布利润指引，鼓励券商和基金对每个季度的股票走势进行下注。同样，上市公司还热衷于股票拆分，这将导致市场上的流通股增多，从而增加交易金额和交易成本。而巴菲特从不随波逐流，伯克希尔·哈撒韦公司的股票换手率是全美国最低的。在伯克希尔·哈撒韦公司的股东当中，不难找出持股 20 年以上的投资者。

　　巴菲特本人偶尔也会捐赠少量股票，但自 20 世纪 60 年代之后，他就从未在公开市场上卖出过一股伯克希尔·哈撒韦公司的股票。巴菲特也选择不去拆分伯克希尔·哈撒韦公司的股票，他认为较低的股价只会导致更频繁的交易，并为经纪商鼓励投资者进行择时提供借口。因此，他最大限度地减少了资金的流失，相比其他公司的股东，伯克希尔·哈撒韦公司的股东获得的红利要高很多。

　　到目前为止，除了巴菲特之外，几乎没有公司的高管对高换手率表示过担心，尽管这是真正值得他们担忧的事情。正如巴菲特在许多场合指出的那样，我们不能用教堂中每周的换座率来评判一个牧师是否称职，而应该关注这些信众能否坚持前来听他布道。他说："我们的目标是让股东能够从公司的业绩当中获利，而不是从经纪人那里得到分红。"股票的估值取决于公司的业绩，而不是换手率。无论每天的交易量是 1000 股还是 1000 万股，只要公司的利润能够保持 15% 的增长，股价就会随着时间一起上涨。巴菲特说："我真的希望没有人愿意离开股东的座位，这样别人就没法插进来了。"

第7章

避免连环错误

经济分析师兼作家彼得·伯恩斯坦（Peter Bernstein）在其1996年出版的名作《与天为敌：风险探索传奇》（*Against the Gods: The Remarkable Story of Risk*）中提醒人们，数据在人们生活中的每一件大事上都发挥着重要作用。在人们制定出统一的度量衡标准并且花费几个世纪的时间去验证这些规律之前，像早晨起来淋浴、煮一杯咖啡或者生炉子这样的事情都是不可能完成的。

如果没有精确的数据作为参考，人们将生活在混乱之中。比如，如果不先量化天气的变化，人们就无法测量、预测或适应天气变化；如果我们不知道各种作料的比例，就做不出美味的晚餐；如果不知道区分马匹的规则，我们就不知道该对哪匹马进行下注。同样，在量化成本和收益之前，我们也无法对一块肥皂、一辆汽车、一栋房子、一份保险和一只微软公司的股票进行定价。"没有数据，就没有机会，也就没有胜率，"伯恩斯坦写道，"在没有机会和胜率的情况下，只能依靠上帝和运气解决问题。没有数据支持的情况下，冒险就是逞匹夫之勇。"

本质上，投资是一种概率的博弈。投资者首先要量化风险，计算潜在回报，在通盘考虑各种因素之后，制定出一个通用的选股策略。许多专业投资者在无意之中选择了过多参数（比如几十个变量）的复杂选股系统，这反而让选股系统失去了作用。例如，他们可能会研究某只股票在过去5年或10

年中的价格波动，跟踪逐日交易量和波动之间的细微差异。或者，他们会剖析美国经济的每一个细节，寻找不同变量之间的关系，从而预测未来的收益。成千上万的投资者依靠计算机处理海量数据，诸如利润率、销售增长或者库存等。其他一些人则得益于"竞争分析"，他们试图将一家公司的历史股价、利润率、市盈率或者销售增长与整个行业进行比较，从而在众多股票中挖掘出最具潜力的那一只。

我们不能指责投资者进行量化决策的初衷。风险管理的一个关键点在于，要尽可能减少不确定性。例如，如果分析表明，每当利率下调0.25%，某公司的销售金额会增长5%，那么据此就可以在预测中消除一些不确定因素。了解这些信息的投资者，要比不知道这些信息的人更可能准确地预测公司未来的销售和盈利情况。

但是，过度分析也可能带来问题。选股系统会由于过度复杂而在某个时刻陷入崩溃。沃伦·巴菲特敏锐地意识到数据的局限性，因此他刻意规避当前职业投资者常用的技巧。他在奥马哈的办公室里没有电脑，也从未表明自己是否能够熟练操作电脑。巴菲特曾对记者说，他不用计算器，也不看股价走势。事实上，伯克希尔·哈撒韦公司副董事长查尔斯·芒格曾经公开承认，他从没见过巴菲特在买入任何股票时进行过精密的计算。

巴菲特从不使用这些复杂的技巧，但也从来没有在股市上亏损过。或许正是由于他不使用彭博、路透的数据库或者分析软件，他的投资才更成功。巴菲特非常了解复杂系统的数学陷阱，在与世界上其他基金经理的竞争中，他宁愿保持简单。作为投资者，你也应该这样。

链式法则——生产线和选股的共同点

假设你为工厂买了一台机器，它由五个部件组成，并且每个部件运转 8 小时后出现故障的概率是 5%。与此同时，机器的各个部件又是相互依赖的，也就是说，当某个部件发生故障时，其他部件也无法正常运转。那么这台机器在 8 小时后发生故障的概率是多大呢？是 5% 吗？当然不可能。无论你是否相信，发生故障的概率大约是 23%。也就是说，这台机器每运转 4.5 小时，就会出现一次故障。

部件每运转 100 次有 95 次能够正常，这个故障率并不算高，但是 23% 的故障率就很高了，来自各个部件的故障率根本上就是相互关联的，因此故障率之间是相乘的关系。在这个例子中，总体故障率比各部件的故障率大很多。

全系统的成功率 = 第一部件的成功率 × 第二部件的成功率 × 第三部件的成功率……

对于由五个部件组成的整体，每个部件都有 95% 的成功率，因此它的预期故障率为：

$$0.95 \times 0.95 \times 0.95 \times 0.95 \times 0.95 = 0.774（成功率 77.4\%）$$

$$故障率 = 1 - 成功率$$

$$= 1 - 0.774$$

$$= 0.226 或 22.6\%$$

这个数学原理对于开发新产品的设计师和监督生产线的管理者来说非常重要。他们的目标是利用多个部件创造出一个近乎完美的操作程序。

这个目标可以通过两种方式实现：第一种办法是把机器的每一个部件都进行精确设计，以使每个零件的故障率都很低；第二种办法是增加一个备份系统，在出现故障时能够替代使用。例如，今天的个人计算机能够运行平稳（尽管有数千个精密部件），是因为每个部件的故障率都很低。相比之下，喷气式客机的故障率也很低，这是因为它有几十套备份系统。即使某个关键部件出现故障，整个飞机也不会受到影响。航天飞机则同时应用了这两种方式，它装备了先进的电路和遥感勘测部件，把故障率降至最低，同时为了以防万一，航天飞机还装备了后备支持系统。

这种关联误差的规律对于投资者同样意义重大。因为我们在选股的时候，依赖于选股"系统"（包括技术指标、盈利预测和现金流贴现等），我们和那些设计工程师一样，也面临着复杂的数学问题。首先，我们常常把问题复杂化，无意中给自己设置了障碍。选股系统和生产线一样，模型中的"部件"越多，系统所包含的"变量"就越多，出错的概率就越高，这个道理简单清晰。其次，由于失误是关联的，分析的层次越多，失误的概率就越高。投资者需要避免依赖众多变量的模型，特别是那些以未来预期为基础的模型。过多的思考不一定能够带来好处，有时候反而会导致失误。查理·芒格曾说过："大多数好事都有'副作用'，思考也不例外。"

假设你要预测一下微软公司的股票在未来一年会有何表现。即使对于经验丰富的分析师和策略师来说，这也是一项艰巨的任务。下面是一些需要考虑的因素。

- 微软公司明年的销售额。要计算这个数据，你需要预测全球（所有品牌）的软件销售水平，并且测算微软公司的市场占有率。而要计算全球软件销售规模，需要估算明年的国民经济增长率以及全民对个人计算机和网络的需求。这就要求除了考虑货币波动的因素之外，还要考虑全球利率的变化。然后，还要估计微软公司的产品定价和收入。

- 微软公司的利润率。需要估计微软公司的库存成本、明年的固定成本和可变成本以及管理费用等，用于计算该数据。

- 微软公司的营业外支出。需要计算微软公司需要支付多少利息（如果有的话）。此外，还需要确定微软公司能够从现金和持有债券上获得多少利息收入。

- 流通股数量。需要计算流通股的数量，从而算出每股的收益。这需要估计微软公司因收购或面向员工的分红计划而发行多少股票。此外，还需要计算一年中会行使多少股票期权。

尽管到这一步已经花费了很多精力，但是工作只完成了一半。接下来，还需要预测下一年的股市走势，是熊市还是牛市？科技股是下跌还是上涨？如果是上涨，原因何在？投资者愿意给微软公司多少倍市盈率的估值？这个市盈率比行业平均水平高还是低？处于微软公司历史市盈率的什么位置？

这些数据分析在非专业投资者看来似乎是无关紧要的，但是大致就是分析师在预测季度收入、股价变动和判断市场走势时需要考虑的因素。因此，也难怪他们的预测几乎都是错的。在这么多变量的基础上预测股价走势（销售额、市场份额、利率、汇率、运营成本、流通股、期权、每股收益和市场情绪），分析师们在无意中陷进连环错误的链条之中。模型越复杂，错误的概率就越高。假设销售额、利润率、市场份额、利率、流通股等每一个变量的错误率都是 20%（正确率为 80%），那么对微软公司股价预测的最终失败率将远高于这个比例，错误率如此之高的预测几乎没有意义。如果分析师用 8 个变量预测微软的股价，那么正确率只有 16.7%（错误率为 83.3%）。由于每个变量都和其他变量相互关联，因此，错误率就会相互影响并累积，从而使整个模型无效。

这就是沃伦·巴菲特这样的价值投资者很少用这种选股方法去预测市场的原因，因为这种方式几乎没用。当投资者研究一家公司并准备买入股票时，应该把目标定为尽可能降低分析的错误率。那么试图预测微软公司近期收益和股价走势的投资者，不妨也去预测一下印度尼西亚下个月的天气。当然这种分析方法也有正确的可能性，但是那仅是逻辑上的正确，最终还是会导致连环的错误。这样的话，前提和结论之间就没有直接的因果关系了。一个错误的预测可能会导致另一个错误的预测，并持续恶性循环下去。最终，投资者的预测结果并不一定比抓阄的结果好多少。

第8章

提高投资胜率

你如果已经年过五旬，一定会对棒球史上最伟大的击球手泰德·威廉姆斯（Ted Williams）印象深刻。他对棒球的影响已经超越了运动员的范畴，成为一种精神象征，激励着一代又一代的棒球运动员。威廉姆斯把力量（一生共击出 521 次全垒打）、耐心（他比同时代的其他击球手获得更多自由上垒的机会）和控制力（平均击球率 0.334）完美地结合起来，这是前所未有的。他拥有卓越击球手的智慧、强力击球手的肌肉、替补队员的耐心和单打击球手的控制力。

威廉姆斯对棒球运动的贡献在于，他对击球进行了数学分析和总结。确切地说，他那本杰出的著作《击球的科学》（The Science of Hitting）吸引了巴菲特的关注。威廉姆斯的核心论点是，击球区可以划分为 77 个小区域，在这些区域内，击球手和投手进行对决。例如，威廉姆斯知道，在击球区内如果把球打得太高就会处于劣势。如果一连打出几个这样的球，他的击球率就会下降。低位球和线外球也会产生相同的结果——成功率远低于威廉姆斯的平均击球率。然而，如果球恰好发到威廉姆斯的最佳击球区，他就会用尽全力去击球，这样就能够保持高水平的击球率。在等待成功一击的过程中，威廉姆斯保持了耐心，他知道放弃处于击球区边缘的球要比为了击到球而降低击球率划算得多。

巴菲特在选股方面采用了相同的思路。股票市场就像职业投手大联盟，每天都会投出上千个球，每次投球都代表放出一只股票。作为击球手，你需要决定击打哪些球，放弃哪些球。然而，投资者和棒球运动员的区别在于，投资者不需要击球。投资场上，即使投资者不去挥棒击球，也不会有人被罚下场。正如巴菲特所说：

> 在投资中，没有所谓的出局。你站在垒上，投手把球投出，如果通用汽车的股价是 47 美元，但是你不确定这个价格是否合理，那就把球放过去，没人会把你罚下场。投资者唯一出局的方式是击球不中。

职业基金经理没有选择，业绩压力迫使他们每年要进行成百上千次挥棒击球，只为超越标准普尔 500 指数，超过同行的业绩。他们对 100～200 家公司的季度业绩进行预测，调整投资组合，而你不必这样做。你可以放弃全部不感兴趣的股票，然后和经纪人商量或者通过互联网买入 100 股心仪的股票。你可以花上一个月研究 1000 只股票，但是最后只挑选一只。你可以暂时放弃查尔斯·施瓦布（Charles Schwab）的股票（嘉信理财），直到股价降到你满意的程度时再买入。或者你可以不理这些股票，而是从其他 10 000 多只股票当中重新挑选。

股市虽然一直都在诱惑你，但是却不会强迫你。如果你尚未充分了解股价是否合理，那么你可以永远不用去冒这个风险，而是等到合适的时机再投资，这样就能够显著提高"击球率"。一旦你发现一只心仪的股票，当市场给出一个足够低的价格时，挥动球棒击球吧！

巴菲特曾经指出，那些能让击球率达到 90% 以上的好机会，是非常难得的。在 20 年的时间里能遇到二十几次就已经不错了。那些稍逊一筹的机会，也能让你取得不错的击球率，这样的机会大概能有 100 次；而那些糟糕的机会，每天都有一大把。

图 8-1 描述了巴菲特通过击球理论推理出来的选股策略，类似于棒球的击球区策略。泰德·威廉姆斯把本垒划分成高分区和低分区，你也可以自己设计一个示意图用来评价自己的投资业绩。在这种情况下，目标是只击打那些能让你得到高分的球。成功率取决于两个因素：

　　公司的质量和股票的价格。一般来说，股价越高，或者公司质量越差，胜率越低。统计数据表明，持股时间的长短也会影响整体业绩。当投资者决定短期持股时，最多有 50% 的机会选到一只盈利的股票，并且这只股票的价格还要足够低。由于股票的波动是随机且不可预测的，因此，如果投资者仅仅短期持有股票，那么盈利的概率最多只有 50%。考虑到税收、佣金和买卖价差，投资者的胜率还会进一步下降。

　　同时，投资者还应该避免那些胜率最大的机会，而应该关注那些自信能够盈利的股票。就像泰德·威廉姆斯那样，他在击球率为 40% 的区域里击球，而你需要找到那些成功率更高的股票，比如 75% 的成功率。但是怎样才能抓住这些机会呢？我会在以后的章节中进行解释。能否在股市中成功，主要取决于买入时的价格。以一个诱人的低价买入并长期持有，这就是一个赚钱的机会。事实上，在 20 世纪 90 年代，如果投资者能够长期持有手中的股票，就有 80% 的机会赚钱。那些不这样做的投资者，赚钱的概率就会大幅下降。同样，股价的高企也会降低投资的成功率。在 20 世纪 90 年代，以 15 倍市盈率的价格买入一只好股票，能够有较高的胜率，而以 30 倍市盈率的价格买入，胜率便会显著降低。

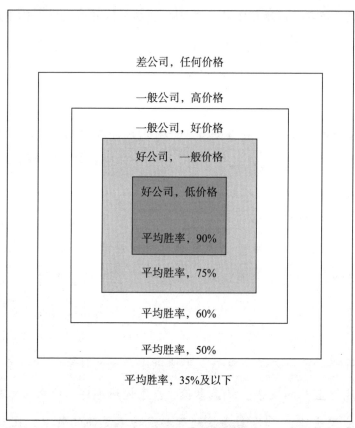

图 8-1　投资击球区（成功率）

30 年考核期

投资者在准备击球时，要把球棒放在肩上等待多久，才能等到一个好球呢？巴菲特坦率地说过，投资者拥有无限期等待的权力。如果股价一直没有吸引力，那就不要挥棒击球。实际上，确实不要去贸然投资。如果你愿意，你可以关注 1000 家公司的股票，然后只投资其中一只，但在投资之前一定要确认股价是否合适。在过去许多年中，巴菲特几乎研究了全美所有大公司，对其中一些公司还研究了很多次，他很享受等待每一家公司的价格达到合适区间的过程。他可能已经在脑海中记下了每只股票能接受的最高买价，有时甚至会等上几年再挥棒击球。

他的耐心对投资组合的成功起到了巨大的平衡作用。有了耐心，就有充分的时间进行尽职调查，并且杜绝情绪化。投资之前，设定好能够接受的股价和回报率。把选股系统化，确保不会犯大多数投资者的"非强迫错误"（见第四部分巴菲特如何避免亏损）。

回想 1998 年，巴菲特以每盎司 5 美元的价格买入了 1.29 亿盎司的白银。当被问及为何进行如此非常规的投资时，巴菲特说他对白银市场的关注已经超过 30 年，此时的白银价格对他很有吸引力。确实，剔除通货膨胀因素，在做这笔投资时，白银的价格已经跌到了 650 年来的最低点，也就是英法百年战争以来白银交易的最低价格。

下面我们谈谈长期考核。在 20 世纪 80 年代末，巴菲特在开始买入可口可乐的股票之前，就已经关注这家公司多年了。人们知道巴菲特投资过大都会通信公司（Capital Cities）、美国广播公司和迪士尼，但是却不知道他对这些公司考察了多久。巴菲特曾经买卖过这些公司的股票，但是多年来他始终关注着这些公司的情况，直到股价达到了他满意的位置，他才会出手。你相信他关注迪士尼长达 30 年之久吗？

把喜欢的股票存起来

和其他伟大的投资者一样，巴菲特具有很强的辨别力。他能够抵御看上去很吸引人的股票的诱惑。如果价格合适，任何一只股票都有赚钱的潜力，但是他不会因为股价低就买入。

美国股市大约有 10 000 只股票，包括高通和甲骨文这样的公司，每只股票都可能被以低估的价格进行交易。但是这 10 000 只股票当中，只有少数股票具有长远的发展前景。大多数公司要么基本面不佳，要么发展不稳定，这些公司的股票就不能轻易买入。

另外，有一些公司的股票能够提供周期性的交易收益，但是当大部分投资人不再追捧它们的时候，这些股票就会快速下跌。投资者会不断精选个股，最终把备选股减少到几十只。然后，再把这些股票集中起来，当它们的价格下降到合适的位置时果断买入。

巴菲特认为，不能因为手头有闲钱就一定要花在股票上。有时候，钱包

太鼓会刺激投资者做出错误的决定。1999 年初，他的投资组合中持有超过
350 亿美元的现金和债券。这笔钱相当于许多小国的 GDP 之和，但是他却
没有急于把钱投出去，而是把钱放在那里，等待购买价位合适的股票。相比
之下，大多数投资者都有一种心理紧迫感，他们会不自觉地想把手里的宽裕
资金投出去。他们不会耐心等待心仪的股票下跌，而是不加研究地匆匆买入
那些质量较低的公司的股票。

巴菲特会花上几年的时间仔细考察感兴趣的公司股票，然后等待股价降
到合理的位置时买入。如果股价没有跌到预期的位置，他就按兵不动。他坚
信股价迟早会跌到预期的位置。在等待期间，他会把注意力放在那些已经跌
到合理价位的股票上。

为了练习这种买入的方式，你应该做一份清单，列出心仪的股票，写上
你愿意支付的最高价格，然后把这个清单放到显眼的位置定期检查（以表 8–1
为例）。

把股票暂时存起来的好处在于，能够提醒自己保持警觉。在买入之前，
必须仔细研究公司情况，确定公司的合理估值。评估分析的过程能够让你
避免过早地买入。通过这种方式，还可以帮助你建立真正想要的投资组合，
而不是因为手里有闲钱就乱买那些备受追捧的股票。另外，这种方法还能
够培养你的耐心，在节省交易费用的同时又提升了投资业绩，这是最重要
的一点。

表 8–1 买入点

公司名	股价（美元）	准备买入价格（美元）	评价
美国运通	135	100	不够便宜
安进公司	65	45	太贵
思科系统	130	< 60	下跌风险大
联邦快递	33	< 40	适合买入
通用电气	135	135	适合买入
英特尔	115	70	价格波动大
耐克	39	45	不要错过
纽柯钢铁	45	< 50	买入
宝洁	65	< 85	待买入
太阳微系统	95	65	估值过高
迪士尼	38	25	回报率存忧

你应该定期更新这份清单，确保目标价格是合理的。如果一家公司的前景变弱，那么当初设定的买入价格就可能偏高了。相反，如果该公司的基本面有所改善，那么股价可能不会回落到设定的价格。在这种情况下，你需要重新评估，决定这家公司是否值得更高的价格。

关键在于，不到必须出手时，不要"强迫"自己去投资。一旦对所选的股票充满信心，投资者自然就会减少买卖的决定。一个成功的投资者就像每年9月份遥遥领先对手20场比赛的球队一样，可以把球棒放在肩上，无限期地把球放掉，因为无论怎样都是赢家，这个赛季的结果不会改变了。

现在，你应该可以看出为什么巴菲特使用击球理论了吧。从数学的角度讲，就是减少失误，提高胜率。巴菲特深刻地体会到，投资是一种概率的游戏。如果你在市场的击球率是0.6，也就是有60%的正确率，那么你的投资组合会有 60% 的时间做得不错。当胜率提高到 75% 时，业绩就相当好了。如果胜率进一步提高到 80%，你就可以享受日后的惊人回报了。没有比以合理的价格买入成长股更能让投资者获利的事了。

　　击球理论还能培养投资者的耐心和自控力。耐心让人勤奋和理性，勤奋就能带来丰厚的回报。在耐心等待合适的机会时，你会强迫自己仔细研究公司的情况，而不是匆匆忙忙花 5000 美元买一堆美国在线这样的股票。你要花时间研究公司，阅读财务报表，了解行业知识，评估公司的价值和商业模式。除非你足够了解美国在线的情况，并且股价已经达到合适的位置，否则不要买入。这个原则适用于任何一家公司，包括微软公司、电力公司还有那些最多值 1 美元的生物科技公司。

How

to Pick Stocks

Like Warren

Buffet

第三部分

像巴菲特一样分析公司

第9章

评估企业价值

假设你在一个小镇上拥有一个游乐场，每年收入 10 万美元，现在你想卖掉它，应该如何定价呢？有几种方法来计算这个游乐场值多少钱。你可能会想："我愿意考虑任何报价，但是我真的不知道该如何定价。"

乍一想，游乐场或许应该售 50 000 美元，也就是其年收入的一半。但是这只是游乐场的清算价值，即建筑物、内部设施、自动售货机和电子游戏机的拍卖总价。这个价格没有考虑机器的未来盈利，买主一定愿意为此支付更多的钱。

但是，如果这些机器都要被淘汰呢？这样售价只能定为 30 000 美元，也就是全部自动售货机和游戏机的置换成本。如果这些机器还能继续用，就需要在售价里加上机器的收益。

再思考一下，把价格定在 90 000 美元怎么样？这是资产的净值，也就是账面价值（营业资产减去短期负债和长期负债）。这个价格远远超过 50 000 美元的清算价值。但是，你的直觉会认为账面价值并不是游乐场的真实价值。如果游乐场的资产也能带来收益，那么这份游乐场的价值就远远超过股本所代表的价值。

再进一步思考，你考虑把价格定在 65 000 美元，这是六年前的买入成本，但是这个价格合理吗？65 000 美元意味着在六年的时间里，这份资产没有任何升值。"可是，从我买下游乐场之后，盈利翻了一番。仅凭这一点，就应该把卖价定得更高。"

又经过一番思考，最后你把价格定在了 10 万美元，也就是该游乐场年收入的一倍。这似乎挺合理，因为附近城市的一家游乐场就是按其年收入一倍的价格卖出的。理论上，这是可以的，但是实际上这个定价也有缺陷。你认为公平的市场价值是资产评估的最佳标准，但是这个定价或许忽略了一点，那就是游乐场的卖价很可能是随意确定的。某一个人对这份资产的看法并不能代表所有人的观点。

随着研究的深入，你会开始考虑更多的相关因素。你可能会这样想："我应该把价格定在 60 万美元，也就是游乐场年收入的六倍。"不管怎么说，每一台自动售货机和游戏机至少还能用六年，这期间还能为买主创造 60 万美元的收入。但是最终你可能会放弃这样的定价，因为不会有买家付出这样的价格，因为游乐场的收入是要进行折现的。如果买家希望能够获得 15% 的年化回报率，那么在一年之后他的折现收入是 86 956 美元。到第六年，10 万美元的折现收入将仅为 49 718 美元。

如此困惑的你，问计于你的会计邻居，她会告诉你："我认为它值 21.5 万美元。"

你会问她："你是怎么得到这个数的呢？"

假设游乐场的机器第一年赚 10 万美元，并且每年以 4% 的速度递增。然后，减去全部与资产运营相关的费用，包括工资、税收、折旧、原材料、办公用品、公用设施费用、租金、维护费、保险费和债务等。当然，这些费用预计也以 4% 的速度递增。预计在未来 10 年里，这份资产每年应获得 35 000 美元的平均税后利润。过了第 10 年，预计税后利润每年增长 8%，因为那时游戏机将完成折旧，你会获得额外的现金流。

接下来分析过去六年的盈利和现金流变化。由于经营曾经出现过较大的波动，因此这份资产在我看来比其他类似的投资风险更大一些。如果买家要求获得 15% 的年收益，那么他是不会接受超过 21.5 万美元的报价的。这就是游乐场的真实价值，信不信由你了。

一项资产到底值多少钱？正如上面的例子所示，答案取决于如何界定这个问题。一个买家可能愿意出价 5 万美元，而另一个买家可能愿意出价 25 万美元。在华尔街，如此主观的投资同样盛行。有人愿意以每股 50 美元买入，而另一个人愿意以每股 150 美元买入相同的股票。显然，不可能两个人都对，但是他们都相信自己买对了。正是这种价格与价值在主观上的相互作用，才使得投资成为科学和艺术结合的产物。即便是华尔街经验最丰富的分析师和投资经理，在评估麦当劳、微软和杜克能源（Duke Energy）的价值时也会差异巨大。有人觉得微软的股价 100 美元一股太贵了，而其他人却觉得微软的股价一股 150 美元比较合理。对于很多人来说，即使给他一根 10 米长的撑杆，他也不敢去跳着够一家亏损的互联网公司，而其他人却觉得这样的公司值每股 200 美元。

从理论上讲，有关价值的分歧不应该这么大。如果投资者都能够掌握相同的信息，客观地分析这些信息，那么他们的分析结果应该相差不大。和前面提到的游乐场一样，每一项资产都有内在价值，反映出企业长期盈利能力和长期持有这些资产的风险。内在价值是动态变化的，会随着利率、美元、公司盈利和债务水平的变化而变化。但是在特定的时间点，投资者应该根据掌握的信息合理地评估一项资产。

价值评估是否正确，取决于能否正确地运用假设。就像游乐场老板那样，把相关因素都考虑进来，就能迅速确定准备买入的股票是否物有所值。买入时应该尽量缩小目标范围，降低失误的概率。不要指望能够把公司的估值精确到每一分钱，能把真实价值的估计误差控制在20%以内就很好了。如果估计的误差小于20%，那么投资者基本上就不会做出错误的决策，不会为股票支付过高的溢价。

几百年来，资产卖出的定价都是主观的，直到20世纪，买家们才能依据公司和行业数据进行合理的资产评估。即便如此，他们也缺乏适当的分析工具进行判断，20世纪初之后，分析工具才得以逐步完善。1938年，约翰·伯尔·威廉姆斯（John Burr Williams）提出了这样一个问题：一家公司的价值等于所有者能够从中获得的全部收益。通过计算公司在整个生命周期内产生的利润，减去通货膨胀和折现，来确定公司的真实价值。如果你预计英特尔在生命周期内能够创造1750亿美元，那么除去通货膨胀的损失，你应该愿意支付1750亿美元买下整个公司。

如果英特尔发行了17.5亿股，每股价格恰好反映了公司的真实价值，那么每股售价就不应超过 100 美元。以此类推，如果你估计富国银行在生命周期当中能够创造 500 亿美元的利润，你会愿意支付 500 亿美元收购其全部的股份。这就是富国银行的真正价值，也就是公司未来的利润总和。如果富国银行发行了 4 亿股流通股，那么每股的真实价值就是 125 美元，这就是投资者应该支付的最高股价。

为了进行资产评估，需要考虑资产的未来盈利。威廉姆斯写道："年度支付金额应该按照货币价值的变化进行调整，投资者会要求用净利率进行折现。"

威廉姆斯认为，公司估值当中有四个关键点：

- 把自己当成企业的所有者，并像评估非上市公司那样评估上市公司；
- 评估企业未来的潜在盈利；
- 确认未来的盈利能否保持稳定；
- 考虑货币的时间价值，调整未来盈利的估值。

为什么威廉姆斯的估值模型是基于盈利而不是基于股价呢？这是因为只有盈利才是实实在在的东西。企业的所有者可以在年末将盈利收入囊中，然后进行再投资。相比之下，股票价格并不能反映公司的价值（尽管许多学者对此意见不一）。股价反映的是投资者对价值的不同认知。由恐惧、贪婪、错误信息、恐慌以及异常交易导致的供求失衡，都会扭曲投资者对市场的认知。事实上，没有人能保证股价在买入之后一路上涨。尽管有些公司连续多年刷新盈利记录，但是股价依然可能下跌。同样，尽管有些公司的盈利在不断下降，股价也有可能大幅上涨。

从长期来看，股票的上涨速度应该与企业价值的增长速度大致相同。而在短期内，一切皆有可能。投资者必须像游乐场的买家一样，通过计算税后利润和每年产生的现金流来评估公司的价值。当然，你不能把价格建立在道琼斯工业指数上，你不能对卖家说："本周道琼斯指数下跌了 4%，因此我要把报价降低 10 000 美元。"那样就贻笑大方了。同样，如果道琼斯指数上涨了，你也不用担心卖家据此提高报价。人们对经济的感知和游乐场的价格毫无关系。股价的波动不会引起资产价值的变动，股价波动只是人们错误地判断真实价值的"结果"。

在进行资产评估时，首先要把股票视为持有人的权益。本杰明·格雷厄姆教导巴菲特要在这种背景下分析股票的报价。他在 1934 年指出，与其接受市场的最新报价，不如先问问自己，股价是否合理地反映了公司的价值。

令人难以置信的是，在华尔街没有人会问"这家公司到底值多少钱"，但是这才是买入股票的首要问题。如果有人要以 1 万美元的价格获得某家企业 5% 的权益，他的第一反应就是用 1 万美元乘以 20，从而确定整个企业的价值是 20 万美元。之后他会反复测算这家公司是否值 20 万美元。

格雷厄姆的方法基于一个简单的假设：投资者拥有公司的收益。对于价值的判断，首先要考虑这项资产每年能带来多少净收入，而不是看股价有多高。股价只是一种参考，用来帮助确定这家公司的价值是被低估了还是被高估了。

盈利估值

在确定买入价格时，沃伦·巴菲特首先要对公司进行估值。如果不进行这一步，包括巴菲特在内的任何一个投资者都无法确定支付的价格是否合理。如果不知道公司的价值，巴菲特也将和大家一样无法确定这只股票能否带来丰厚的回报。因为盈利和价格密切相关，而价格与价值密不可分。

前面说过，一家公司的内在价值是其未来预期收益总和的折现。当然，这也是企业估值中最困难的一点。即使是华尔街最优秀的分析师，依靠着数百万美元的研究预算，有时也会对公司和行业做出完全错误的判断。

沃伦·巴菲特之所以偏爱具有确定性的公司，原因在于这样可以避免预测导致的偏差，这些未知因素被他称为"7英尺高的跨栏"。"查理和我还没有学会如何解决棘手的商业难题，我们只知道应该避开它们。从某种程度上说，我们之所以成功，是因为我们专注于跨越1英尺高的跨栏，而不是去挑战跨越7英尺高的跨栏。"巴菲特说道。

美国运通（American Express）、富国银行、吉列和可口可乐等公司长期以来一直保持着稳定的盈利增长，巴菲特可以据此对它们的未来做出快速合理的判断。稳定性是资产估值的重要因素。一家公司的发展越不稳定，它的未来就越不确定。这样的公司往往风险较大，远不如业绩稳定的公司可靠。不幸的是，世界上90%的公司都缺乏美国运通那样的稳定性。由于缺乏稳定的发展记录，投资者们不得不对未来进行不可靠的假设。

巴菲特和其他商业分析师的不同之处在于，他认为资产评估的标准应该是始终如一的，他不会轻易接受时髦的理论去相信那些科技企业应该用不同的估值方法进行评估的说辞。所有企业最终都必须根据销售转化为利润的能力以及盈利增长率进行判断，一家互联网公司可以也应该使用与铁路、电力、软件开发、电影制作或者零售行业相同的估值标准。所有这些企业的价值都应该等于它们未来预期收益的折现值。巴菲特说过，如果人们预期这些公司未来不能赚钱，那么它们就没有价值。因此，所有的企业，无论是马鞭制造商还是移动电话生产商，在经济学意义上都是平等的。

聪明的投资并不复杂，但也没那么简单。投资者需要的是正确进行特定资产评估的能力。注意"特定"这个词，你不必成为了解全部公司的专家。你只需要评估在你能力范围之内的公司，这个能力圈的大小并不重要，但是知道这个圈的边界却是至关重要的。

投资者的目标应该是以合理的价格买入一家容易理解的公司的部分股权，这家公司应该在未来 5 年、10 年甚至 20 年中都会有实实在在的盈利增长。经过长期考察，你会发现这样的公司少之又少。因此，一旦发现目标就应该果断出手，同时还要抵御其他诱惑，如果你不想持有一只股票 10 年，就不要持有 10 分钟。

在评估未来收益时，投资者应该首先去研究公司过去的发展情况。大量的研究表明，在多数情况下，一家公司的发展历史是其未来发展趋势的最佳预测指标。无论你是在研究默克（Merck）这样平稳增长的公司，还是英科（Inco）那样高杠杆的周期性矿业公司，这条规律都适用。一家公司如果在过去 25 年实现了 15% 的年均增长，那么未来它的增长水平也不太可能偏离这个水平。如果公司能够在衰退、战争、高利率环境和股市崩溃中保持这样的连续增长，那么就可以证明这家公司是有实力继续保持这种增长势头的。

不幸的是，上千家上市公司当中，只有一小部分公司具有这样的稳定性。其中包括雅培实验室、默克公司、菲利普·莫里斯（Philip Morris）、麦当劳、可口可乐、通用配件（Genuine Parts）、艾默生电气（Emerson Electric）、自动数据处理（Automatic Data Processing）和沃尔格林（Walgreen）。你如果将这些公司从 20 世纪 60 年代以来的利润增长做成图表，就会发现无论处于何种经济周期，这些公司都能够保持稳定的利润增长。这样的公司在未来可能同样会保持出色，毫无疑问，这类公司的年销售额也是相当稳定的。

当投资者开始妄想一家公司的增长率能够一反常态地出现跨越式增长时，他们就开始犯错误了。如果一家公司在过去的 50 年里始终保持 10% 的增长率，那么它不太可能突然提升到 14% 的增长率。事实上，你应该这样预测：由于需要寻找新的市场促进销售，因此公司的增长率迟早会放缓。尽管这样才符合逻辑，但是你依然可以相信，过去的稳定增长率是可以延伸到未来的。例如，设想一家已经实现盈利增长的公司，在过去的 10 年间每年的利润增长都在 12%～14% 之间，那么公司下一个 10 年的平均增长率极有可能是 13%。这样，你就可以迅速计算出公司的内在价值，因为你已经可靠地估算出了关键要素——未来的利润（如表 9-1 所示）。

表 9–1	稳定增长的公司	
	每股盈利（美元）	增长率（%）
1989	3.00	
1990	3.39	13
1991	3.80	12
1992	4.33	14
1993	4.89	13
1994	5.48	12
1995	6.24	14
1996	7.06	13
1997	7.90	12
1998	9.01	14
1999	10.18	13
	预计盈利（美元）	
2000	11.50	
2001	13.00	13
2002	14.69	13
2003	16.60	13
2004	18.76	13
2005	21.20	13
	预计盈利（美元）	
2006	23.95	13
2007	27.07	13
2008	30.59	13
2009	34.56	13

请注意，在 20 年期间，我们假设公司每股收益增长了 11 倍以上。如果投资者为 2009 年的股票设定了 1989 年的市盈率，那么股价也会上涨 11 倍以上。由于公司在过去的表现一直稳定，那么未来的盈利就会和你的预测基本吻合。

那么，对于周期性公司应该如何估值呢？它们的收益会随着商业周期的波动而波动。多数情况下巴菲特会避开这类公司，除非它们的股票被低估，并且存在某些刺激因素能够促使股价上涨。巴菲特并不排斥周期股，因为多年以来伯克希尔·哈撒韦公司的投资组合中就有很多周期股，包括嘉泰科斯（GATX）、埃克森美孚（Exxon Mobil）、美国铝业（Alcoa）、阿梅拉达·赫斯（Amerada Hess）、克利夫兰钢铁（Cleveland Cliffs Iron）、通用动力（General Dynamics）、汉迪哈曼（Handy & Harman）、凯撒铝业（Kaiser Aluminum）和伍尔沃斯（Woolworth），当然还有几家银行。巴菲特通常是在这些公司的行业处于反弹，或者市场低迷，股价受到打压时，才会买入这些公司的股票。

周期股的问题在于，它们没有长期稳定的经营业绩。美国铝业在经济高峰时每股盈利可以达到 6 美元，而在经济衰退时每股盈利可能还不到 1 美元。伍尔沃斯公司仅在一年之内就从繁荣的巅峰跌落谷底。周期性的公司经营历史错综复杂，无法提供巴菲特所要求的稳定性，并且这种情况在短期内也不会改变。除非人类能够消除经济衰退或者稳住剧烈波动的原材料价格，否则这些公司的盈利水平必然是上蹿下跳的。有些股票，比如西尔斯·罗巴克（Sears Roebuck）、伊士曼·柯达（Eastman Kodak）或通用汽车（General Motors）等股票，它们今天的每股收益并不比 20 世纪 70 年代高多少，之后的 20 年间，这些公司的股价几乎没有变，这绝对不是巧合。

本杰明·格雷厄姆告诉巴菲特，对于周期性公司，要根据"平均利润"进行估值，确保不会为某一年的利润而支付大额的溢价。通过计算公司过去 7~10 年的平均利润，你仍可以准确估算未来的利润。格雷厄姆还建议投资者不能以超过公司平均利润 16 倍的价格买入股票。例如，英科矿业公司在经济强劲时期的每股盈利高达 5 美元，而在经济低潮期每股亏损 1 美元，从较长时段计算的话，每股年均盈利 1 美元。因此，格雷厄姆会建议投资者，无论经济状况如何，买入英科的股票价格都不要超过 16 美元。

通过计算过去的平均利润，投资者可以进行合理的评估，避免直接把不可持续的趋势外推。投资者往往会追逐每股盈利为 5 美元的英科公司，但是却忘了盈利可能会在某一天迅速下滑。运用平均利润的另一点好处是，投资者不必预测未来的经济变化，因为平均利润已经告诉你答案了（如表 9–2 所示）。

表 9–2　　　　平均利润

	每股盈利（美元）
1990	1.55
1991	1.25
1992	−0.40
1993	−0.90
1994	0.10
1995	0.85
1996	1.60
	每股盈利（美元）
1997	1.85
1998	2.25
1999	2.30
平均	1.05
	预计盈利（美元）
2000	1.05
2001	1.05
2002	1.05
2003	1.05
2004	1.05
2005	1.05
2006	1.05
2007	1.05
2008	1.05
2009	1.05

利润的风险折扣

估算利润的目的是衡量商业风险的水平。一家公司的盈利风险越大（也就是说，不可预测性越高），在其他因素不变的情况下，定价就应该越低。公司的内在价值和经营的稳定性密不可分。那些盈利起伏较大的周期性公司不会成为巴菲特的长期投资标的，因为它们很难进行估值。大多数分析师会认为表 9–2 中的那家公司的盈利很难预测，因为它的商业风险较大。

对巴菲特和所有评估师来说，商业风险水平都是至关重要的，因为这决定了投资者应当支付的股票价格。一旦你确定了公司的盈利增长率，就必须考虑贴现，补偿资金的时间价值。例如，一张大额储蓄存单的年利率是 5%，但是通货膨胀调整后的实际回报会低于 5%。一种 10 年期 AAA 公司债券的收益率可能为 6.5%，但是如果考虑通货膨胀、违约和商业风险的影响，实际回报率会低一些。同样的道理也适用于普通股，只是在这种情况下，投资者承担的风险是机会成本，也就是说，为了买入这只股票而放弃了其他投资收益的成本。

对巴菲特来说，对一家公司进行估值，和对一种债券进行估值没什么区别（详见第 15 章）。在评估债券时，要计算每年的收益或"票息"，并通过全面反映风险和机会成本的贴现率对年收益进行折现。资产评估也适用这种方法，区别在于这时的"票息"是公司每年的现金流或者利润。因为股东有权获得公司的利润，就像债券投资者有权获得票息一样，所以估值应该建立在公司的年度利润之上。

机会成本是投资者在一个具有相同风险的投资上本应获得的收益。例如，假设你有机会投资一家年回报率15%的自助洗衣店，或者以每股50美元的价格买入一家铁路公司的股票，两项投资的风险相当。要确定铁路公司股票的价值，就需要计算出铁路公司未来的利润或者现金流，并且用15%的贴现率进行折现，从而算出股价。如果计算结果显示价值高于每股50美元，那就应该投资股票。如果算出的价值低于每股50美元，那么股票就被高估了，投资洗衣店将是更好的选择。

对盈利进行折现，就是用将来每年的盈利除以你选择的贴现率。例如，假设公司预期未来五年内每年盈利1万美元，机会成本为15%，表9-3显示如何对五年的盈利进行折现。

第一年，用1万美元利润除以1.15，以反映15%的贴现率，得到8696美元，即投资者获得的利润折现。第二年，要对利润进行两次折现，因此用1万美元除以1.15的平方。第三年，利润除以1.15的立方。以此类推，随着贴现率的复利计算，1万美元的价值会明显下降。五年之后，1万美元的利润仅相当于现在的4972美元。这个企业为股东创造了总共33 522美元的利润折现，即投资者可获得的全部收益。

公司价值就是未来全部利润折现后的总和。在表9-3中，显示这家公司的价值就是33 522美元。假设公司能够运转10年，公司价值会因年度利润总和的增长而增加。

表 9-3		按 15% 贴现率计算公司盈利	
年份	盈利（美元）	除以	折现（美元）
1	10 000	1.15	8696
2	10 000	$(1.15)^2$	7561
3	10 000	$(1.15)^3$	6575
4	10 000	$(1.15)^4$	5718
5	10 000	$(1.15)^5$	4972
总计	**50 000**		**33 522**

贴现率可被视作一种障碍物，它表明了投资者为了获得预期回报而甘愿付出的最大代价。假设投资者把微软公司的贴现率定为 15%，计算得出微软的股价为 75 美元。实际上，这样就确定了微软股票的风险回报范围。如果微软能给投资者带来 15% 的收益率，那么每股价格就不能超过 75 美元，如果股价超过 75 美元，投资收益率就会低于 15%。如果投资者以每股 50 美元买入微软公司的股票，那么收益率肯定会超过 15%。

多大的贴现率才是合适的呢？学者们在这一点上争论不休。根据不同的数据计算方式，评估专家们一般会把贴现率定在 3%～25% 之间。较低的贴现率会产生非常高的估值，而较高的贴现率会让股票看上去被高估了。由于贴现率是估值中最关键的一步，也是最容易出错的一步，因此巴菲特往往会选择最简单的方法。他用长期国债（最好是 10 年期国债）的收益率作为贴现率，原因有以下三点。

- 巴菲特投资股票的参照物是债券收益。如果投资股票的收益率低于债券收益率，那么他会选择投资债券。因此，他对公司定价的第一步就是设置一个门槛收益率。这个收益率要能够达到或者超过政府债券的收益率。

- 巴菲特不必大费周章地为每一只股票确定对应的贴现率。贴现率是动态的，它随着利率、预期利润、股票波动和公司财务结构的变化而不断变化。比如说，对西尔斯·罗巴克的评估就与评估时点有关。也许两天之后新的情况出现时，分析师就不得不重新进行评估。为了避免不断调整模型，巴菲特总是很严格地保持估值参数的一致性。

- 大多数基金经理使用的贴现率并不能反映波动率，并且估值结果也不能反映公司的真实情况。为了得到适当的贴现率，学者们建议投资者使用股价的波动率来作为风险因素。较大的波动率意味着更高的风险，此时需要较高的贴现率。而巴菲特对于风险有着不同的定义。他只关注商业风险，也就是公司股票年度利润的可预测性。像杜邦这样的周期性公司，年利润差异极大，风险相对就高，因此贴现率也高。而沃尔格林这样的公司，多年来利润增长率维持在 12%～14%，商业风险很低，利润也容易预测，在巴菲特看来，这就和政府债券一样属于低风险，这样的公司就要用债券一样低的贴现率。巴菲特首先关注的是利润增长率变化不大的公司，这样他就可以用国债的收益率来对公司利润进行折现。他说过："风险总是来自你不了解的投资。"

巴菲特运用贴现率的计算方式与别人不同。资产分析师在计算时，总是选取一段很长的时期计算公司的盈利，然后对每年的盈利进行折现。据此，他们得到一个反映公司预期增长率的"永续价值"。如表 9–4 中对麦当劳的估值。

但巴菲特从不采用这种方法，而是用公司的增长率和贴现率计算股票的价值。在表 9–4 的示例中，巴菲特以麦当劳 2000 年的每股收益（2.50 美元）

作为基准。为了将盈利折现，他用 2.50 美元除以国债收益率 6%，得到 40 美元的折现值（2.50 美元 /0.06 ≈ 40 美元），40 美元就是他的门槛价格。如果麦当劳每股收益固定在 2.50 美元，那么这笔投资就和投资债券一样。如果每股价格低于 40 美元，就会比买入票息 6% 的国债更划算（见第 15 章）。如果股价高于 40 美元，比如说达到 50 美元，收益率仅为 5%（2.50 美元 /50 美元 =0.05），低于债券的 6%，那么此时他将会买入债券而非股票。

表 9-4 　　　　　　　　　　　**麦当劳的估值**

前 10 年每股盈利增长率（%）			12
10 年后每股盈利增长率（%）			5
折现率（%）			10

	每股盈利（美元）	除以	等于（美元）
2000	2.50	1.1	2.27
2001	2.80	$(1.10)^2$	2.31
2002	3.14	$(1.10)^3$	2.36
2003	3.51	$(1.10)^4$	2.40
2004	3.93	$(1.10)^5$	2.44
2005	4.41	$(1.10)^6$	2.49
2006	4.93	$(1.10)^7$	2.53
2007	5.53	$(1.10)^8$	2.58
2008	6.19	$(1.10)^9$	2.63
2009	6.93	$(1.10)^{10}$	2.67
前 10 年			**24.68**
加上连续价值（7.76/0.05）/（1.10）[10]			**59.92**
减去每股负债			6.00
等于内在价值			**53.92**

对于巴菲特来说，麦当劳的股价要远高于 40 美元。40 美元只是和国债同等的价格，他对这个价格不感兴趣。由于买入麦当劳的股票也有风险，那

就是每股盈利低于 2.50 美元的时候，他会倾向于买入收益固定的国债。如果麦当劳未来的盈利增加，其股票价值会大幅超过 40 美元。并且随着时间的推移，每股盈利也会增加，股票会更有价值。只有在这种情况下，巴菲特才愿意支付溢价来获得未来持续增长的收益。在表 9–4 所示的例子中，我们假设麦当劳在今后 10 年的年利润增长率为 12%，在这种增长率之下，40 美元一股的麦当劳股票就比收益率为 6% 的债券更划算，因为每股盈利是不断上升的，而债券的收益则是固定的。

估值本身就存在一个悖论，尤其是对于高增长率的公司而言，那就是估值本身涉及一些不可靠的数据。为了评估公司当下的价值，需要合理预测公司未来的增长和发展前景。如果你无法预测一家公司在未来 3 年、5 年甚至 10 年的盈利，那么你的分析就存在致命的缺陷。有时，你可能会高估了公司未来的增长，从而高估了公司的价值。巴菲特认为，这就是问题所在。由于投资者开始相信自己持有的股票可以不断扩大盈利，因此在估值高企时会出现自我论证的过程。你如果认为公司未来业绩会比现在更好，甚至远超以往的表现，就会相信这只股票必然会带来高额回报。

但是，对于未来的预测是估值过程中最不可靠的因素。如果以 100 倍市盈率的价格买入甲骨文的股票，就必须证明它的价值确实是利润的 100 倍。但是甲骨文过去的增长率是无法支撑这样的价格的。这就使投资者面临一项不太愉快的任务，那就是证明甲骨文未来的盈利值 100 倍市盈率。而甲骨文只有在未来 10 到 15 年间维持 30%～40% 的增长率，才能支撑如此高的市盈率。那么这种情况发生的概率有多高呢？历史上很少有公司能够在如此长的时间内维持如此高的增长速度，而且一家公司的前景是模糊不清的，几乎无法进行预测。因此，如果有人预测甲骨文的未来，不要轻易相信。

事实上，20 世纪 90 年代末，当股价一路攀升时，分析师在研报当中都尽量避免对公司进行估值预测。虽然商学院都在沿用约翰·伯尔·威廉姆斯的分析方法，但是他们却无法用这个模型解释当时的高价。那些试图对高增长公司进行估值的人只能这样认为：这些公司将会获得持续增长的市场份额，并且将会加速盈利。大多数分析师会采用一些荒谬的方法，证明自己"买入"的建议是正确的。比如，无论股价有多高，只要公司的盈利超过预期，就会带来不错的回报。或者，只要某个竞争对手的股价达到了类似的估值，就能够以这个高估的价格进行交易。另外，还有一些公司受到吹捧，仅仅因为它们具有"收购溢价"，也就是如果被另一家公司收购，那么它们的价值就应该是收购价。

仅仅基于对未来的预测评估一家公司，可能会让投资者做出一系列错误的假设。正如本杰明·格雷厄姆所说：

估值越依赖于对未来的预测，而不是过去的业绩，就越容易出错。一只高市盈率的成长股，其定价主要源于未来的业绩，而未来可能会与过去的业绩截然不同。因此，今天的股票分析师不得不精于"科学计算"，如此才能进行精确的预测。

当然，公司的内在价值是动态的，会随着经济环境、利率、债务水平和市场条件的变化而变化。每家公司的内在价值都在变化，但是这种变化远远慢于股价的波动变化。一只股票可以在三个月内从 50 美元上涨到 100 美元，而公司的内在价值可能只是从 60 美元上升到 65 美元。同样，一只股票可以从 20 美元下跌到 5 美元，而公司的内在价值可能从 5 美元上升到 6 美元。但是最终，价格和价值会趋同，股价和公司的内在价值之间的偏离不会一直持续下去。如果一家公司的内在价值是 65 美元，而股价达到 100 美元，那么必然会出现某种变化，要么内在价值上升，要么股价下跌。

在巴菲特看来，内在价值是难以捉摸的——通过严密的分析，每一项资产都有一个真实的内在价值。就像米开朗基罗坚信自己能够在大理石上雕刻出真实的灵魂一样，透过表面现象，你也能发现内在价值。但是，精确估值是很难的，并且会受到主观的影响。如果估值很容易，那么华尔街的顶级分析师就不会对美国在线的股价进行争论了。对于每一位力挺美国在线的分析师或者基金经理，你都能够找到一位或者十位想以同样价格卖出这只股票的人。

本杰明·格雷厄姆坚持使用安全边际来避免这种困境。如果你拿不准富国银行的每股价值是 80 美元还是 100 美元，那就不要着急买入，为了安全起见，等价格回落到远低于 80 美元时再买入。

第 10 章

账面价值——巴菲特最推崇的增长标准

沃伦·巴菲特每年给伯克希尔·哈撒韦公司股东的信中，第一句话就会直接点出他最关注的要点。在信中，他会首先汇报本年度的投资业绩和表现，而评判依据就是资产负债表中的业绩增长数据：

1998 年，我们的净收益为 259 亿美元，A 类和 B 类股的每股账面价值增长了 48.3%……过去 34 年里（即现任管理层接管公司以来），每股账面价值从 19 美元增长到 37 801 美元，年复合利率为 24.7%。

许多 CEO 在做年度报告时，都会大谈公司的盈利增长和销售增速高于全行业，有人还会大谈特谈自己为实现大规模并购或者改善公司财务结构所发挥的重要作用，甚至还有人会把股价上涨归功于自己。当然，也有人会抱怨全球经济衰退或者利率上升，导致公司的收入和利润受到冲击。而巴菲特却是少数列举资产负债表得失的人之一。

巴菲特敏锐地意识到，随着时间的推移，只有账面价值的增长才能给股东带来长期回报。如果一家公司的每股账面价值能够保持高速增长，那么它的盈利也会高速增长。因此，长期来看，账面价值的增长必然会导致公司的内在价值和股价的增长。他在 1996 年致股东的信中写道："账面价值的变化幅度应与内在价值的变化幅度接近。"

事实上，从长期看，账面价值的增长和股价上涨之间确实存在着很强的相关性。在过去 35 年里，美国钢铁公司（V.S.Steel）和通用汽车公司每股的账面价值都没有得到实质性的增长，因此它们的股价长期横盘。通用汽车 1999 年的股价峰值仅比 1965 年的高出了 20 美元，而美国钢铁公司的股价则比 20 世纪 50 年代的股价还低。相比之下，思科系统的每股账面价值在 20 世纪 90 年代以每年 91% 的速度增长，其股价每年上涨 92%，这并非巧合。与此类似，甲骨文在 20 世纪 90 年代的股价和账面价值分别以 33% 和 31% 的速度增长。与此同时，诸如清频通信（Clear Channel Communications）、阿戴普科技（Adaptec）、康柏电脑（Compaq Computer）、美国国家金融服务公司（Countrywide Credit）、耐克、范尼梅（Fannie Mae）和诺威尔（Novell）的账面价值和股价的增速几乎一致。许多高增长的公司，如太阳微系统、索特龙（Solectron）、微软、英特尔、哈雷 – 戴维森、美敦力（Medtronic）、戴尔电脑和 EMC 公司等，它们的股价增幅远超账面价值的增长（见图 10–1）。

埃德加·劳伦斯·史密斯（Edgar Lawrence Smith）是首先发现这种相关性的人，他在 1924 年出版的著作《用普通股进行长期投资》（*Common Stocks as Long-Term Investments*）受到包括巴菲特在内的许多著名基金经理的推崇。史密斯认为，提升账面价值才是提升股票价值的最佳办法。通过不断增加公司的留存收益和账面价值，能够最大限度地提升股票的价值。如果管理层有权将股东的利润进行再投资，那么股价将会进一步上涨，为股东带来更大的回报。

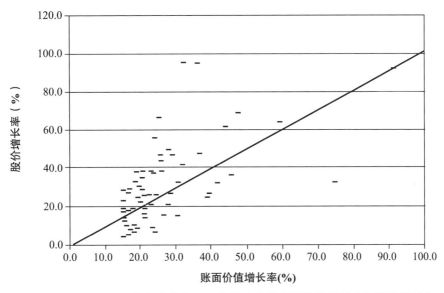

图 10-1　1990—1999 年标准普尔 500 指数企业的账面价值增长率和股价增长率

　　巴菲特投资分析的核心受到了史密斯的启发，那就是价值会随着留存收益的累积而提升。正如巴菲特在年度报告中提到的，他把账面价值增长视为评估管理层提升公司内在价值的关键因素。对巴菲特来说，短期的股价波动不能用来评价管理层的能力。从理论上讲，管理层对于股价的短期波动是无能为力的。在 1998 年和 1999 年，以量能指标为参考的投资者可能会完全不考虑上市公司的财务状况而集中买入某只股票，导致短期内股价翻倍。同时，这些投资者也可能会在公司业绩大涨时集中抛售股票，导致股价在几个小时内大跌 30%。无论出现哪种情况，管理层都无须对此负责。他们不应为股价反弹费尽心思，也不应该为股价下跌负责。

　　如果股东能够保持理性，也就是不在恐慌时抛售，不在狂热时买入，那么股价的变化应该与账面价值和真实价值的变化保持一致。从历史上看，伯克希尔·哈撒韦公司的股价比 99% 的美国上市公司更接近公司的内在价值。巴菲特从来不进行股票拆分，他在年报中充分披露，要帮助投资者更充分地评估公司价值，从而将投机行为降到最低。此外，他拒绝华尔街那套公布季度盈利的把戏，拒绝评论中期收益，也不会给分析师们提供投资建议。"如果我们这样做，就进入了另一个'迎合短线投机'的旋转木马。既然股东选择了伯克希尔·哈撒韦公司，我们不会建议他买入或者卖出。"

由于公司管理层不提供建议，分析师们也不必费尽心思预测伯克希尔·哈撒韦公司的盈利，这样就能够有效防止以量能指标为参考的投资机构大举频繁买卖公司的股票，而这正符合巴菲特的心意，伯克希尔·哈撒韦公司的股票很少出现暴涨暴跌的情况。1998 年，巴菲特告诉股东："我们并不希望伯克希尔·哈撒韦公司的股价一下子达到顶点，而是希望股价能够反映公司的内在价值。查尔斯和我都不愿意看到股价被高估和被低估，这两种情况都和公司的经营业绩不符，会给股东们的收益带来不利影响。"

巴菲特认为，公司每股账面价值的增长才是衡量业绩的最佳指标。作为伯克希尔·哈撒韦公司的 CEO，巴菲特在评价年度业绩时，喜欢把公司账面价值的增长和标准普尔 500 指数的增长进行比较（见表 10–1）。如果公司账面价值的增长快于标准普尔 500 指数，说明他的业绩战胜了市场。一只股票可以在一个月内毫无理由地下跌 30%，而账面价值却不会这样，除非管理层突然决定采取重大措施重组业务或者出现重大财务亏损。由于账面价值是实实在在的，因此更适合作为反映公司业绩的晴雨表。

图 10–1 中的散点图显示了股价和账面价值之间的关系。我选取了 20 世

表 10—1　1989—1999 年标准普尔 500 指数选定公司每股账面价值增长情况（%）

	10年增长率	1998—1999年	1997—1998年	1996—1997年	1995—1996年	1994—1995年	1993—1994年	1992—1993年	1991—1992年	1990—1991年	1989—1990年
思科系统	**90.8**	57.0	60.0	47.2	71.5	53.9	71.4	88.0	82.9	72.9	543.0
联合健康集团	**74.3**	-7.5	14.7	13.7	12.5	159.9	31.4	87.0	118.3	77.8	669.6
清晰频道通信	**59.0**	91.2	166.7	181.8	24.9	30.8	176.3	21.1	613.5	15.6	-84.1
旭电	**47.5**	105.0	25.1	20.3	22.9	35.05	24.7	103.2	69.5	25.7	75.9
凯创系统	**45.5**	-7.7	-0.9	28.5	31.0	38.5	45.2	40.9	44.1	96.8	244.0
微软	**43.7**	69.7	55.7	28.8	29.5	27.4	33.2	42.7	55.9	43.9	57.0
博思软件	**41.6**	53.3	35.0	42.0	26.6	24.7	14.2	55.0	55.9	39.7	81.1
康赛科	**39.3**	-0.2	20.1	64.8	96.8	-38.5	54.6	41.3	164.9	35.7	80.5
康卡斯特	**38.6**	186.6	186.3	75.2	-155.8	6.6	-0.2	339.9	-986.8	-178.6	-112.9
康维科技	**36.5**	-0.2	21.1	50.4	10.6	12.9	134.1	71.1	25.3	9.6	124.3
戴尔电脑	**36.0**	81.8	28.1	21.2	56.4	45.7	-9.4	30.8	98.4	36.4	5.2
易安信	**32.1**	38.0	39.2	38.5	35.8	63.3	118.6	28.0	12.2	8.2	-15.5
家得宝	**31.7**	22.2	17.3	18.5	37.7	21.3	20.6	29.7	107.6	30.2	31.2
欧迪办公	**30.6**	-2.2	14.2	14.2	34.5	21.9	37.8	19.9	48.7	9.2	157.4
甲骨文	**30.6**	27.4	25.4	27.5	48.3	67.3	39.3	19.4	23.0	-14.4	62.7
安进	**28.9**	21.5	6.2	23.9	30.7	10.3	27.5	70.1	28.2	74.8	13.2
雅德特	**28.2**	-5.6	28.6	27.8	34.3	26.4	28.2	57.5	16.5	15.0	68.3
应用材料	**27.7**	33.6	5.9	21.8	32.2	73.2	54.2	22.9	25.7	15.0	15.0
富兰克林资源	**27.7**	16.8	23.2	26.5	21.6	25.7	30.0	46.5	28.6	690.0	33.3
维亚康姆	**26.4**	-5.9	6.3	11.9	-0.2	288.5	21.0	8.0	69.6	-0.2	0.4
史泰博	**25.8**	40.5	22.6	21.6	41.7	14.8	11.7	31.0	71.8	830.0	7.2
英特尔	**25.7**	8.5	25.5	41.2	31.8	25.1	37.9	20.1	20.4	30.2	19.9
伯克希尔·哈撒韦	**29.0**	**48.3**	**34.1**	**31.8**	**43.1**	**13.9**	**14.3**	**20.3**	**39.6**	**7.4**	**44.4**

纪 90 年代标准普尔 500 指数中增长最快的公司，比较它们的每股账面价值增速和股价增速之间的关系。图中趋势线上的每一个点都代表账面价值和股价上涨速度一致。公司位于趋势线以上，说明股价上涨超过了账面价值的增长，而公司位于趋势线以下，说明股价上涨低于账面价值的增长。

图 10–1 中的每一个点都代表标准普尔 500 指数中的一家公司，在这 10 年里，它们的账面价值每年都以超过 15% 的速度增长。

总体上，这些点大致分布在趋势线周围，这说明两个变量之间的相关性较高。例如，账面价值增速达到 20% 的公司，其股价每年也至少上涨 20%。表中一些公司，包括戴尔电脑、EMC、微软电脑和索特龙公司（图 10–1 中最高的四个点），其股价上涨远超账面价值的增长。这说明股东为管理层提升公司内在价值的能力支付了溢价。趋势线以上的公司，在 20 世纪 90 年代的"价格—账面价值"比不断上升，说明投资者愿意为一美元的股东权益支付超过一美元的价格。他们之所以这样做，是因为在 20 世纪 90 年代，公司的资本回报率达到了 20 世纪 20 年代以来的最高水平。收入增长、低成本，资产出售、重组和股票回购，都刺激资本回报率大幅上升，股东们比以往任何时候都更愿意支付溢价。

尽管伯克希尔·哈撒韦公司的股价在内在价值附近波动，但也会被阶段性地高估和低估。在巴菲特接管公司时，公司的账面价值约为每股 19 美元，他认为这个数字超过了公司的内在价值。而今天由于核心保险业务实力强劲，并且资产负债表十分优秀，他相信公司的内在价值要高于每股 37 987 美元的账面价值。

如何提升账面价值

由于巴菲特带领伯克希尔·哈撒韦公司大幅提升了账面价值，使他无愧于 20 世纪顶尖 CEO 的称号。自 1965 年巴菲特接管伯克希尔·哈撒韦公司以来，该公司的每股账面价值从 19 美元增至 37 987 美元，年复合增长率为 24%。同期，没有一家上市公司能够取得这样的骄人业绩。巴菲特是怎样做到的呢？他将大部分增长归功于伯克希尔·哈撒韦公司持有股票的增值上。巴菲特为伯克希尔·哈撒韦公司的投资组合仔细选择了多家潜力巨大的成长型公司，以合适的价格买入，确保这些投资能够带动公司内在价值和股价的上涨。

也就是说，如果巴菲特持有的可口可乐的股票上涨 5 亿美元，那么伯克希尔·哈撒韦公司的账面价值就会上升 5 亿美元。如果吉列公司的股价上涨 1 美元，伯克希尔·哈撒韦公司的账面价值就会增加 9600 万美元（伯克希尔·哈撒韦公司持有 9600 万股吉列公司的股票）。从 20 世纪 80 年代买入可口可乐的股票以来，该公司的股价增长为伯克希尔·哈撒韦公司增加了 103 亿美元的账面价值。伯克希尔·哈撒韦公司投资组合中的《华盛顿邮报》为公司增加了 9 亿美元的账面价值。盖可保险股票在 20 年中为公司增加了 24 亿美元的账面价值。1996 年伯克希尔·哈撒韦公司将盖可保险私有化以后，实际增值可能更多。

由于大部分公司都没有伯克希尔·哈撒韦公司那样的自由度和实力，因此不能通过持股的增值来提升账面价值。它们只能以传统的方式提升账面价值，包括扩大利润、提高资产回报率或者审慎并购等方式。当账面价值由于这些运作而增加时，公司的真实价值也会增加，并且将带动股价上涨。但是，当盈利增加不能提升账面价值时，可能就会出现问题了。管理层可能会采取某种方式，在不增加利润和内在价值的同时提升账面价值。因此，投资者在考察公司时，需要注意分辨以下情况。

增发新股提升账面价值。在过去几年，互联网公司因避免破产而发行了数千万股新股，从而臭名昭著。它们用融资支付账单和扩展市场，每一轮新的融资都会向资产负债表当中注入大量资金。表面上看，这些公司的净资产相当可观，但是实际上这些公司都在亏损。

并购持续提升账面价值。管理顾问彼得·德鲁克（Peter Drucker）曾说过："交易是浪漫的，正因如此才毫无意义。"一次并购确实能够增加账面价值，但是也会影响公司的盈利，并减损内在价值。之所以如此，似乎是因为公司在并购时可能会支付过高的价格，也就是付出一美元却没有买到一美元的东西。不幸的是，这种非等价交易的后果往往要几年之后才会显现。此时管理层可能被迫进行资产简记或者卖出并购资产。当公司溢价并购（如今大多数公司的做法）时，往往会通过发行股票的方式支付收购价款，这样可以大幅提升账面价值。因此，即使内在价值没有提升，但账面价值仍会增加。

利润存入银行增加账面价值。如果其他因素不变，一家公司将利润存入银行，获得 5% 的利息，那么其账面价值也会逐年上升。但是，管理层的这种做法能够增加价值吗？由于复利使利息每年都会大幅增加，账面价值也会因此增加，但是增速会下降。同时，股本回报率也会缓慢下降，直到降至银行存款利率。在这个过程中，公司内在价值也以缓慢的速度增加。

账面价值比盈利更能反映价值

为什么巴菲特将账面价值作为衡量业绩的标准，而不选择利润或者股价呢？巴菲特不相信瞬息万变的股价波动。他告诫投资者，不要用股价的年度增长衡量管理层的业绩。长期看，股价的走势将与公司的表现同步，但是短期内两者之间没有相关性。

巴菲特之所以专注于账面价值，还因为利润数据是不可靠的。管理层可以通过多种方式操纵利润，包括重组费用、资产出售、坏账注销、裁员或者费用减计等方式。他们可以合法地做账，给人一种正在全力以赴开展业务的假象，而事实上，大量利润都已经付之东流。以电话公司为例，美国电话电报公司（AT&T）、贝尔南方公司（BellSouth）、贝尔大西洋公司（Bell Atlantic）和 SBC 通信公司 20 世纪 90 年代账面上的利润每年都在稳步增长，因此投资者对这些公司信心十足，把这些公司的股价逐步推高。1986 年—1999 年间，三大巨头的股票上涨了四倍。

但这些利润都是虚假的，因为利润是公司频繁地注销资产、重组和裁员虚增的。如果美国电话电报公司或者贝尔大西洋公司为了降低成本而注销了 10 亿美元资产，这就相当于削减了同等规模的股东权益。美国电话电报公司在 20 世纪 80 年代和 90 年代初多次注销资产，以至于它的全部会计费用超过了盈利。也就是说,管理层没有创造任何真正的价值。

巴菲特指出,假如你是公司的所有者,那么你不应该把利润存进银行,而是应该进行再投资维持业务的发展。"如果在 1980—1990 年间全部投资资本密集型的企业,并把利润存到银行账户,按照会计准则,最终将产生极小甚至可以忽略的经济价值。"表 10–2 显示了三家公司在 14 年间的盈利和账面价值变化情况。很明显,这些企业并没有为股东增加多少内在价值,尽管贝尔大西洋公司的会计利润以每年 5.7% 的速度递增,但是每股账面价值在此期间反而下降了。贝尔南方公司的账面价值每年仅增长 2%,SBC 通信公司的账面价值每年增长 1.7%。但是它们的相同点是股价均大幅上涨。

在巴菲特看来,账面价值的变化是评价一家公司是否值得投资持有的关键。比如,电话公司由于支付过多的会计费用,账面价值没有增长,其资产往往会迅速贬值。它们耗费数十亿美元购置的设备会很快被淘汰,每年的净收入大部分用于更换交换机、网络和各种设备,而不是用于再投资。

表 10–2	是否存在内在价值的增长					单位:美元
	贝尔大西洋		贝尔南方		SBC 通信	
	每股账面价值	每股盈利	每股账面价值	每股盈利	每股账面价值	每股盈利
1986	10.45	1.46	5.90	0.85	6.52	0.86
1987	11.03	1.56	6.22	0.87	6.82	0.87
1988	11.64	1.66	6.38	0.88	7.08	0.88
1989	10.89	1.67	6.80	0.87	6.96	0.91
1990	11.36	1.69	6.63	0.85	7.15	0.92
1991	9.89	1.71	6.75	0.78	7.38	0.96
1992	9.00	1.62	6.99	0.85	7.76	1.09
1993	9.43	1.70	6.80	0.90	6.34	1.20

续前表

	贝尔大西洋		贝尔南方		SBC 通信	
	每股账面价值	每股盈利	每股账面价值	每股盈利	每股账面价值	每股盈利
1994	6.97	1.77	7.24	1.05	6.86	1.37
1995	7.63	1.94	5.95	1.12	5.13	1.55
1996	8.48	1.98	6.68	1.27	5.70	1.73
1997	8.24	2.48	7.64	1.41	5.38	1.84
1998	8.39	2.72	8.26	1.65	6.52	2.08
1999	9.80	3.00	7.60	2.00	8.10	2.15
增长率（%）	**−0.5**	**5.7**	**2.0**	**6.8**	**1.7**	**7.3**

资料来源：ValueLine Investment Survey.

新技术不断取代旧技术，在技术革新的过程中许多员工会变得没有用武之地。因此，公司不得不减计设备的价值并裁员，对外宣称它们用股东的资金购置的设备无法保值。因此，不难理解为什么巴菲特始终回避电话公司的股票。

可耻的会计费用

巴菲特对会计费用持高度怀疑态度，因为这些费用能够掩盖很多问题长达数年之久。在 1998 年的年度报告中，他将越来越多地使用会计费用和频繁地注销资产称为"耻辱"，指责某些管理层利用会计手段粉饰公司业绩，抬高股价。

越来越多的管理层认为，操纵利润以满足所谓的华尔街的意愿是可以接受的事情。事实上，不仅有很多 CEO 认为这种操纵是可以的，更有甚者认为这正是他们的职责所在。这些管理者的初衷就是尽可能地推高股价（我们坚决反对这样的初衷）。为了推动股价，他们努力追求卓越的经营效益。

但是，当经营达不到预期的时候，他们便会运用会计手段来伪造出预期的"收益"。

假设波音公司每季度计提 10 亿美元的费用，以实现其计划在未来几个季度采取的成本削减措施。在随后的几个季度内，波音的"储备"就用完了，因为它实际产生了 10 亿美元的成本。这一机制允许波音公司将其部分间接成本计入损益表，从而提升单位利润。

正如巴菲特在年度报告中指出的，这就像一名高尔夫球手打出了 90 杆的成绩，但是他记录成了 140 杆。这样就为后面建立了一个"坏杆储备"，即后面可以去掉 50 杆。尽管高尔夫球手的真实成绩可能是 90 杆、115 杆、72 杆、80 杆、77 杆和 106 杆，而记录却显示他的成绩为 140 杆、80 杆、80 杆、80 杆、80 杆、80 杆。裁判会忽略 140 杆的成绩，而以选手稳定的发挥和较低的击球杆数给他颁奖。

实际上，一家公司如果存在大额的会计费用，就说明它在进行类似的"财务洗澡"。在上面的例子中，波音可以将全部成本计入本年度，而在随后的几年又可以人为地将利润增加至 10 亿美元。华尔街为波音公司的操作喝彩，并通过推高股价支持这样的行为。当然，波音之后几个季度的利润都不是真实的，但是波音不觉得一个季度的大额会计费用能有多大影响，并且随后的账务看上去也还不错。

摩托罗拉、波音、耐克和几家大型银行都如法炮制，它们在前面的季度支付数 10 亿美元的费用，美化 1999 年的报表。标准普尔 500 指数成分股的公司，将 1998 年的盈利的 20%~25% 用于非经常性损益费用。这是 1991—1992 年间会计操纵的最高水平。当时，许多大公司为了降低未来的养老金成本而支付了巨额费用。因此，这些公司报告中每股盈利的每 1 美元中，就有 25 美分是"造"出来的。相比之下，在 20 世纪 90 年代的其他年份里，费用利润的比例远低于 10%。

摩托罗拉在 1998 年支付了将近 20 亿美元的费用，相当于其数十年来为股东所创造的账面价值的 13%。在此后的 15 个月中，华尔街将摩托罗拉的股价推高了 200%。"不幸的是，在现实中擅长会计手段的 CEO 们似乎有点沉迷于这个游戏。毕竟，花几个小时练习开球，肯定不如直接改记分牌来得容易，他们肯定不愿意轻易放弃这样做。"

尽管如此，坏杆还是有可能继续出现。当公司支付重组费用时，管理层不得不承认这是对公司资产处置失误导致成本增加的后果。应该这样说，投资者要非常仔细地审视公司的会计费用。但是，由于几乎所有大公司每年都会有一次较大的支出，投资者无法精确地判断公司的盈亏底线。但是，只要有费用产生，或者发生了并购或者资产出售，那么至少应有 40% 的季度盈利是被操纵的。

在过去几年里，投资者并不很在意会计费用的问题。策略分析师们坚定地认为，公司盈利增长是股价上涨的原因。但是，如果盈利从一开始就是操纵的，那么最终一定会击穿盈亏线，并导致股价下跌。巴菲特说："伯克希尔·哈撒韦公司要和这些做法划清界限。如果伯克希尔·哈撒韦公司令你们失望了，那么我宁可是因为盈利下降，而不是因为会计账目出了问题。"

第 11 章

理解净资产收益率

对于投资者和美国公司来说，20 世纪 90 年代是一个非凡的时期。不仅股票投资者获得了年均 20% 的收益，公司业绩也创造了 20 世纪以来的最佳水平。当然，这两件事是相辅相成的。如果公司没有如此高的盈利和效率，投资者就不会支付溢价，股市也就不会有如此高的涨幅。

事实上，在 20 世纪股市低迷的时期，公司盈利增速放缓，并且净资产收益率下降。较低的净资产收益率导致了股票的低估值，反之亦然。在 20 世纪的最后 10 年里，美国公司的估值超过了历史最高水平，因为它们为投资者带来的净资产收益率远远超过了 20 世纪的最高水平。

20 世纪 90 年代，美国大公司较高的净资产收益率（ROE）是保持股市强劲的主要因素。这个指标主要得益于以下几个方面：收入提高、内部生产效率提升、管理成本降低以及销售大幅增长等。公司也会用重组、裁员、股份回购和管理层资本运作等手段，推动 ROE 的增长。

在 20 世纪的大部分时期，标准普尔 500 指数成分股的平均净资产收益率为 10%～15%，这个数据在 20 世纪 90 年代出现快速上涨。到 20 世纪 90 年代末，公司的净资产收益率超过 20%。考虑到 20% 是 500 家成分股的平均数，这是一个惊人的数据。在 20 世纪 90 年代，除了许多科技公司的 ROE 始终保持在 30% 以上外，还有快消公司可口可乐、菲利普·莫里斯和制药公司华纳–兰伯特（WarnerLambert）、雅培实验室和默克等公司的 ROE 也保持在 30% 以上。由于这些公司为股东创造出不断增长的回报，因此，投资者愿意为股票支付巨大的溢价。在 20 世纪的大部分时间里，股票的价格一般只是其股东权益的 1～2 倍，但是到了 1999 年年底，股价超过了股东权益的 6 倍多。

在 1999 年之前，巴菲特就开始质疑这些公司能否持续创造超过 20% 的 ROE。他认为如果不能持续保持 20% 以上的 ROE，那么股价就不应该达到股东权益的 6 倍之多。历史证明他的判断是正确的。在 20 世纪 90 年代，美国公司不再慷慨地派发红利，而是进行利润留存。此外，美国经济的年均增长率也仅维持在 3%～4% 的水平上。在这种情况下，公司几乎不可能持续创造 20% 的 ROE。只有在收入增速超过 20% 的情况下，ROE 才能达到 20%，而实现这个目标的前提是经济增速超过 10%。

在分析公司的发展情况时，ROE 是一个重要指标，它能够将股价和估值置于合适的分析框架之中。大多数投资者非常关注公司过去的业绩和预期盈利的增长。即便是顶级分析师，也倾向于将同比增长作为衡量公司成功的标准。然而，一家公司能否创造高 ROE 和能否持续盈利同样重要。因为公司可以借助多种手段调节利润指标，某些时候 ROE 在衡量公司的业绩方面更客观。巴菲特在早期就表达了这样的看法：一家公司管理层的能力体现在，在不要花招的前提下（不使用无谓的杠杆和会计伎俩）能获得较高的 ROE，而非每股收益的持续增长。在我们看来，如果管理层和财务分析师不再把每股收益及其每年的变化作为分析重点，那么普通投资者就能更好地把握公司的发展情况。

计算净资产收益率

ROE 是年利润与产生这些利润所需的平均净资产的比率：

$$ROE= \frac{净利润}{（期末净资产＋期初净资产）/2} \times 100\%$$

如果一家公司的利润为 1000 万美元，年初净资产为 2000 万美元，年末净资产为 3000 万美元，那么其净资产收益率约为 40%。

$$ROE= \frac{1000 万美元}{（2000 万美元 +3000 万美元）/2} \times 100\%$$
$$=0.40 或 40\%$$

在这种情况下，管理层为股东的资本创造了 40% 的盈利。净资产等于资产减去负债，代表投资者在公司的净权益。它是股东的资本及公司利用这笔资本创造的盈利减去费用的结果。当一家公司的净资产收益率较高时，说明公司高效地使用了股东提供的资产，因此，该公司有能力迅速提高净资产，并促进股价快速上涨。

巴菲特认为，能够创造并维持高 ROE 的公司是十分稀缺的，它们的股票值得持有。当这些公司的股价相对于盈利增长及 ROE 处于合理价位时，就应当果断买入。因为公司在扩大规模的过程中还能维持高 ROE 是非常难得的。事实上，许多大规模且经营良好的美国公司，包括通用电气、微软、沃尔玛和思科系统等，由于规模持续扩张，因此多年来 ROE 持续下降。当净资产只有 10 亿美元时，很容易赚到足够的利润使 ROE 达到 30%。但是现在，当股本达到 100 亿美元或者 200 亿美元时，想要维持 30% 的 ROE 就变得越来越难了。一般来说，公司的盈利增长率必须超过 ROE，才能使 ROE 维持在稳定的水平。也就是说，要保持 25% 的 ROE，就需要利润增速超过 25%。那些不分红的公司也需如此（分红降低了净资产，更容易提高 ROE 的水平）。如果管理层希望维持住 25% 的 ROE，那么就得想方设法使净利润增速超过 ROE。表 11-1 显示，微软公司为了维持 30% 的 ROE，必须将净利润增速维持在 35.4%。

表 11-1 　　　　　　　　　　　　　　微软公司 ROE 测算

年份	初始资本（美元）	净收益（美元）	期末资本（美元）	净资产收益率（%）	净增长率（%）
2000	8000	2825	10 825	30.0	—
2001	10 825	3825	14 650	30.0	35.4
2002	14 650	5179	19 829	30.0	35.4
2003	19 829	7012	26 841	30.0	35.4
2004	26 841	9491	36 332	30.0	35.4
2005	36 332	12 847	49 179	30.0	35.4
2006	49 179	17 390	66 569	30.0	35.4
2007	66 569	23 540	90 109	30.0	35.4
2008	90 109	31 865	121 974	30.0	35.4
2009	121 974	43 130	165 104	30.0	35.4
2010	165 104	58 380	223 484	30.0	35.4

　　微软公司的初始净资产是 80 亿美元，到 2010 年公司的净资产要达到 2230 亿美元才能保持 30% 的 ROE 水平。

巴菲特指出，理解 ROE 的关键在于确保管理层最大限度地利用了剩余资本。其实，任何一家公司只要将盈利存入银行，靠利息也能持续获利。如果微软公司不再将利润进行再投资，而是把利润存入银行，即使还有 5% 的利息，其盈利也会增长，但是 ROE 就会下降，如表 11–2 所示。

如果微软的管理层什么都不做，也能为股东带来 5% 的利润增速，使 ROE 达到 10%，并引以为荣。但是，这样做的话，管理层并没有有效利用公司的资本。到 2010 年，微软的 ROE 将降到 10%，并在 70 年后降到 5%，即和利润增速一个水平。事实上，如果净利润增速赶不上净资产的增速，就说明管理层没能高效地利用资本。

表 11–2　　　　　　　　　　　　微软 ROE 下降测算

年份	初始资本（美元）	净收益（美元）	期末资本（美元）	净资产收益率（%）	净增率（%）
2000	8000	2825	10 825	30.0	—
2001	10 825	2966	13 791	24.1	5.0
2002	13 791	3115	16 906	20.3	5.0
2003	16 906	3270	20 176	17.6	5.0
2004	20 176	3434	23 610	15.7	5.0
2005	23 610	3605	27 215	14.2	5.0
2006	27 215	3786	31 001	13.0	5.0
2007	31 001	3975	34 976	12.0	5.0
2008	34 976	4174	39 150	11.3	5.0
2009	39 150	4383	43 533	10.6	5.0
2010	43 533	4602	48 134	10.0	5.0

大多数公司认为"盈利记录"就是每股盈利达到新高。由于利润留存，公司的资本逐年增加，因此人们发现股本每年增加 10% 且每股

盈利增长 5% 并不值得大书特书一番。毕竟，由于复利的存在，人们即使将利润全部存入银行，也能每年稳健获得不断提升的利息收入。

巴菲特说，专注于创造高 ROE 的公司才能获得成功的投资。如前所示，高 ROE 必然带来一系列增长：盈利增长、净资产增长、公司内在价值增长和股价上涨。如果微软保持 30% 的 ROE，并且不分红，那么其净利润和净资产将以每年 35.4% 的速度增长。可以预计，微软的股价也将以 35.4% 的速度上涨。如果股价的上涨速度和净资产的增速相同，那么股票的市净率不变。

表 11–3 列出了 20 世纪 90 年代业绩最好的 23 家公司的年度 ROE。这些公司的 ROE 始终保持在高位。不难发现，它们的股票涨幅也远超市场的平均水平。如果它们能够继续保持当前的 ROE 水平，那么它们的股价将在未来几年战胜市场涨幅。我们可以把对微软的测算应用到这 23 家公司，预测 10 年后各家公司的期初净资产、期末净资产、净利润增长和股价的上涨情况。其中几家公司的 ROE 比较稳定，如第一数据、太阳微系统和微软。投资者可以据此测算这些公司未来的 ROE。

在比较两家发展情况差不多的公司时，ROE 较高的那家能够为投资者提供更好的长期回报。评价一家公司的 ROE 时，需要考虑以下五个方面的因素。

第一，净资产收益率相同的情况下，负债率低的公司好于负债率高的公司。在其他因素不变的情况下，负债越多，净资产就越低，因为净资产等于资产减去负债。相对于净利润来说，净资产的基数越小，ROE 就越大，因此，

表 11-3　技术类股票年度 ROE（%）

	1989	1990	1991	1992	1993	1994	1995	1996	1997	1998	1999	ROE 平均值	预测
半导体行业													
阿尔特拉	23.1	21.9	21.9	12.1	17.4	9.2	34.0	29.5	28.2	17.5	17.0	21.1	
达拉斯半导体	13.4	14.2	13.0	13.7	15.5	15.3	15.6	14.1	18.4	13.4	14.5	14.6	高
英特尔	17.4	18.1	18.0	19.8	30.4	27.7	28.8	30.6	36.0	26.4	25.0	25.3	高
凌力尔特技术	15.3	16.4	18.9	20.3	22.4	25.4	27.5	30.4	22.8	23.9	21.4	22.2	
马克西姆联合制造	19.2	20.1	19.8	18.9	17.8	18.5	21.8	37.9	29.4	28.2	22.3	23.1	
赛灵思	26.8	19.1	19.6	22.1	23.9	24.9	32.8	23.2	23.0	15.0	20.0	22.8	高
硬件行业													
美国能源转换公司	39.9	36.6	35.7	36.6	36.8	33.6	24.0	23.6	23.3	22.8	23.0	30.5	
思科系统	56.0	20.1	33.9	34.4	36.2	37.1	34.8	32.4	33.0	26.4	22.0	33.3	
戴尔电脑	6.4	24.3	18.6	27.5	NMF	22.9	28.0	48.9	73.0	62.9	56.5	36.9	
易安信		8.2	10.4	18.2	30.3	34.4	32.0	23.6	22.7	23.9	23.0	22.7	
微系统	11.8	16.3	17.1	17.1	19.2	21.8	21.7	21.4	22.8	21.9	22.9	19.5	高
太阳微系统	9.2	12.0	15.7	11.7	10.2	12.0	16.8	23.2	26.8	25.8	24.0	17.0	
软件行业													
Adobe	57.3	37.2	28.2	21.1	19.5	18.5	19.4	21.7	26.1	23.2	37.0	28.1	
自动桌面	29.1	26.0	21.6	18.5	20.9	22.6	25.6	18.4	23.9	22.3	7.5	21.5	高
博思软件	35.3	31.2	32.5	29.3	33.9	33.7	33.5	31.3	30.6	29.4	27.5	31.7	高
BARRA		20.7	17.9	18.9	14.8	14.7	22.0	30.3	25.2	19.2	22.0	20.6	
计算机协会	15.9	14.6	16.5	23.3	32.3	37.1	50.7	64.1	48.0	47.7	34.0	34.9	高
			20.8	17.8	18.1	20.5	14.5	17.2	18.9	18.6	20.0	18.5	高
微软	30.3	30.4	34.3	32.3	29.4	27.2	27.2	31.5	32.0	28.8	26.8	30.0	高
甲骨文	35.5	30.3	NMF	14.1	29.6	38.3	36.4	34.0	35.7	32.3	34.9	32.1	
参数技术公司	29.6	19.5	24.6	26.8	29.2	27.6	26.6	30.9	34.0	60.4	34.4	31.2	
桑德加数据	14.7	14.6	13.2	13.6	11.3	12.0	12.2	14.7	15.5	16.9	17.0	14.2	高
赛门铁克	31.3	33.3	24.7	NMF	13.4	25.6	NMF	19.8	26.8	24.7	25.0	25.0	

注：NMF 代表无意义的数据。

合理举债的公司能够大幅提升 ROE。但是对于盈利具有周期性的公司来说，高负债是不可取的。表 11–3 中列出的大多数技术公司的 ROE 都很高，同时负债较低。它们的资产负债表非常简洁，属于轻资产。它们唯一的负债都是短期负债。

第二，不同行业的 ROE 也不同。医药和快消品行业的公司一般负债较多，但其 ROE 也较高。和周期性的制造业相比，这些公司的销售更加稳健，更具可预测性，因此能够承受较高的负债率。它们可以大胆地举债扩大经营，不必担心在经济放缓期间依然要支付融资利息。有些公司，比如菲利普·莫里斯、百事可乐或可口可乐等都保持着较高的 ROE，原因在于其负债达到净资产的 50% 甚至更高。

第三，股票回购能够带来高 ROE。公司可以通过股票回购和授予员工股票和期权，有效操纵 ROE。在 20 世纪 90 年代，号称为了提高每股盈利，数十家大公司进行了股票回购。在 20 世纪 90 年代后期，它们都取得了异常高的 ROE，比如制药公司先灵葆雅（Schering Plough）公布其 ROE 超过了 50%。如果先灵葆雅没有回购 1.5 亿股的股票，它的 ROE 将处于 20%～30% 之间。

第四，ROE 受到商业周期和年度盈利增长的影响。如果周期性的公司也保持了较高的 ROE，比如杰西潘尼百货（J.C.Penney）或摩丁制造公司（Modine Manufacturing），那么投资者就要小心了。这种高 ROE 是无法持续的，只是经济强劲时期的副产品。不能错误地用经济强劲时期的 ROE 预测未来，这是不可靠的。

第五，当心人为提高的 ROE。公司能够通过重组费用、资产出售或一次性收益大幅操纵 ROE。任何减少公司资产的行为，如重组支出、部分出售等都能降低公司净资产，但却提高了 ROE。这些通过会计手段操纵出来的高 ROE 最终都不会令投资者获利。

运用 ROE 预测公司未来的业绩

沃伦·巴菲特多次指出，一家公司的 ROE 走势和盈利趋势之间存在着一定的关联。如果年度 ROE 上升，那么盈利也应相应增长。如果 ROE 保持平稳，那么盈利也应保持平稳。关注 ROE，投资者能够更有把握地预测公司的未来盈利。如果能评估公司未来的 ROE，就可以据此估计公司净资产的年度增长情况。或者说，如果能估计净资产的增长，就能合理预测年终净资产所需的盈利水平。还以微软为例，假设微软 2010 年的年度 ROE 为 30%，我们可以据此推算出微软的年终净资产，并进一步计算出所需的净利润。通过计算，我们得知微软的盈利增速需要达到 35.4%。

当然，这些假设取决于微软能否继续保持 30% 的 ROE 水平。如果 ROE 低于预期，就不能指望盈利增速能达到 35.4%。没有任何一家像微软这么大规模的公司能持续保持 30% 的增速。因此，对那些刚刚起步的高技术公司进行估值时，要牢记这一点。表 11–3 显示了 20 世纪 90 年代持续保持高 ROE 的公司，然而大多数科技公司都无法长期保持稳定的 ROE 水平。即使是甲骨文、赛门铁克和阿尔特拉等公司，其 ROE 也都在行业低迷时经历过超过一年的下滑。

　　沃伦·巴菲特的投资组合包含消费品和消费周期性股票，其所属公司都具有较高的 ROE，这表明他更喜欢可持续的高 ROE。例如，可口可乐和吉列每年的 ROE 稳定在 30%～50% 之间，对于经营了几十年的公司来说，这个数字令人惊叹。

　　巴菲特投资的上市公司大多保持着 15% 甚至更高的 ROE 水平。凭借其较高的内部回报率和低于平均水平的资本需求，这些公司每年都能为股东带来高回报，盈利增速保持在 10%～20% 的水平。表 11–4 显示了巴菲特在 20 世纪 90 年代持股最多的几只股票的表现。

表 11–4　　　　　巴菲特持股最多的公司的年度 ROE（%）

	1989	1990	1991	1992	1993	1994	1995	1996	1997	1998	1999	平均
	34.2	35.9	36.6	48.4	47.7	48.8	55.4	56.7	56.5	42.0	39.0	**45.6**
可口可乐	20.3	15.3	14.3	8.7	13.4	21.5	19.0	22.3	20.8	22.7	21.5	**18.2**
美国运通	42.5	42.5	36.9	34.3	40.0	34.6	32.8	27.4	29.5	31.4	30.5	**34.8**
吉列	22.8	19.4	21.6	17.4	17.7	19.0	18.6	18.5	18.5	15.7	16.5	**18.7**
费雷迪马克	18.5	17.1	15.4	16.9	18.3	20.8	18.0	19.0	19.2	14.0	16.0	**17.6**
富国银行	23.1	23.6	16.4	17.4	17.7	20.2	20.2	9.5	10.9	9.6	7.0	**16.0**
迪士尼	21.0	19.3	12.8	12.9	12.9	15.1	16.1	16.5	19.8	13.9	13.5	**15.8**
华盛顿邮报	13.8	NM	11.8	7.2	17.6	16.9	15.8	15.8	16.5	16.4	14.0	**14.6**

第 12 章

巴菲特的神奇"15% 法则"

巴菲特知道，当一家公司的盈利持续增长，比如说每年增长 10% 时，可以等待股价持续上涨。事实上，许多公司的盈利增速和股价上涨之间存在着显著的相关性，时间越久，这种相关性就越强。比如说，公司盈利增速为 12%，那么股价的上涨幅度也会接近 12%。1996 年，巴菲特说："把盈利逐年增长的公司组成一个投资组合，该投资组合的市值也会持续上升。"

至于投资者的收益率能否达到 12%，取决于两个因素：公司维持持续增长的能力以及投资者买入的价格。如果买入一家溢价过高的公司的股票，那么投资者的预期回报率可能就无法超过公司的盈利增速。回顾一下 20 世纪 70 年代的宝洁公司。在 1972 年年底达到峰值之前，公司的盈利增速只有 12%，但是市盈率却超过了 50 倍。在随后的几年里，公司盈利增长了 3 倍，但股价却依然不断下跌。这种现象的根源在于，宝洁的市盈率在下降。直到 20 世纪 80 年代初宝洁的市盈率达到最低点之后，才显示出投资的吸引力。尽管宝洁公司在 20 世纪七八十年代无论牛市还是熊市中都实现了业绩的惊人增长，但是投资回报依然受到了买入时的市盈率的约束。

巴菲特在买入股票之前，要确保该只股票能在很长一段时间内每年至少取得 15% 的回报率。15% 是巴菲特所要求的最低回报，用以补偿通货膨胀和税收。例如，如果你买的股票年回报率为 10%，那么你可能会因通货膨胀而损失 2%～4%。向联邦缴税会使收益减少 31%，甚至更多。此外，你还需要一个远超长期国债的回报率，用以补偿持有股票而非债券所承担的额外风险。

毫无疑问，如果你能以合适的价格购买合适的股票，那么每年可以获得 15% 的利润；相反，你也有可能以错误的价格买入股票而获得较低的回报。当以合适的价格买入时，即使股票不够优质，也有可能获得较好的投资回报。大多数投资者并没有意识到价格和回报的联系：买入价格越高，则潜在回报率越低，反之亦然，就是这么简单。到 1999 年年底，股票的快速上涨严重削弱了许多公司的长期回报潜力。

为了确定一只股票能否获得 15% 的年化收益，巴菲特会根据一只股票的收益增长率和平均市盈率来估算该只股票在 10 年后的表现，并将其与今天的价格进行比较。如果未来的价格加上预期股息达不到 15% 的回报率，他就会放弃这个标的。为了简单起见，假设你有机会以每股 120 美元（大约 2000 年 4 月的价格）的价格收购惠普，而你又希望获得 15% 的长期回报，那么在 10 年后，惠普股价必须涨到每股 494 美元，你才能获得 15% 的回报率。能否达到 15% 的回报率，取决于买入价格（每股 120 美元）。

要进行这样的计算，需要考虑以下几个变量。

● 截至本书撰写之时，惠普公司的每股收益为 3.33 美元。

- 惠普公司的盈利增长。可以通过过去的增长率（可以从年度报告中获得）来估计未来的增长率，也可以使用分析师一致认可的增长率估计值，这些数据发布在包括雅虎在内的多个金融网站上。

- 惠普股票的平均市盈率。重要的是，不要去假设当前的市盈率能够长期保持下去。必须考虑在繁荣萧条时期以及牛市熊市期间经历的市盈率变化。由于无法预测 10 年后的市场状况，因此最好采用长期平均市盈率，投资者可以从《价值线》（*ValueLine*）刊物调查的数据中获得平均市盈率。

- 公司的股息率。股息将计入总回报，因此必须估计惠普将来会支付多少股息。如果惠普历史上的股息是年收入的 25%，那么可以预计未来 10 年会有 25% 的收入作为股息。

回报率示例

惠普公司。一旦有了这些数据，就可以快速计算出全部股票的潜在回报率。第一个例子是惠普（见表 12–1），该公司 2000 年 4 月的股价为 120 美元，每股收益为 3.33 美元，分析师预计收益将以 15.2% 的速度增长。假设股息率为 25%。如果惠普能达到预期收益，那么 2009 年其每股收益将为 13.71 美元。用 13.71 美元乘以惠普公司的平均市盈率 17.7，可以得出每股 242.67 美元的价格。再加上 19.66 美元的股息，投资者有可能获得 262.33 美元的总回报。

表 12–1　　　　　　　　　　　案例：惠普公司

价格（美元）	120	增长率（%）	15.2
每股盈利（美元）	3.33	平均市盈率	17.7
市盈率	36	股息率（%）	25

年份	每股盈利（美元）
2000	3.84
2001	4.42
2002	5.09
2003	5.86
2004	6.76
2005	7.78
2006	8.97
2007	10.33
2008	11.90
2009	13.71
合计	78.66

10 年年化收益 15% 对应的价格（美元）	485.47
2010 年的预期价格（美元）	13.71×17.7=242.67
预期分红（美元）	19.66
总收益（美元）	262.33
预期 10 年年化收益率（%）	**8.2**
实现年化收益率 15% 可支付的最高价格（美元）	64.83

　　乍一看，你可能会为 10 年后获得 262.33 美元的回报而感到兴奋，然而如果计算年化收益率，意味着 120 美元的投资回报率只有 8.2%。由于目标是 15%，因此惠普没有达到要求。惠普能够实现 15% 回报的唯一方法是股价加上股息在 10 年后达到 485.47 美元。当然，还有另一种方法，那就是等待惠普的股价下跌之后再买入。如果计算出惠普 2009 年的股价仅为 263.12 美元，那么只有当买入价为 64.83 美元时才能满足回报率的要求，这需要股价下跌 46%。

英特尔。2000 年春天，半导体行业处于强劲增长的阶段，英特尔公司的盈利增长超过 60 倍。在撰写本书时，英特尔的股价达到了 135 美元，市盈率为 64 倍。分析师预计，英特尔将继续保持 19.3% 的业绩增速，这令人生疑，因为当前的市盈率比预期盈利增速的三倍还多。此外，英特尔的当前市盈率是历史平均市盈率（从《价值线》获得）的 3 倍。按当前的发展进行估计，英特尔在 2009 年的业绩将达到每股 12.32 美元，将 12.32 美元乘以平均市盈率 19，预计 10 年后股价将达到 234.08 美元，再加上 3.79 美元的股息，总的预期回报约为 237.87 美元（见表 12–2）。

表 12–2   **案例：英特尔**

价格（美元）	135	增长率（%）	19.3
每股盈利（美元）	2.11	平均市盈率	19
市盈率	64	股息率（%）	6

年份	每股盈利（美元）
2000	2.52
2001	3.00
2002	3.58
2003	4.27
2004	5.10
2005	6.08
2006	7.26
2007	8.66
2008	10.33
2009	12.32
合计	**63.12**

10 年年化收益 15% 对应的价格（美元）	546.15
2010 年的预期价格（美元）	12.32×19=234.08
预期分红（美元）	3.79
总收益（美元）	237.87
预期 10 年年化收益率（%）	**5.8**
实现年化收益率 15% 可支付的最高价格（美元）	58.81

以 135 美元的价格买入，假设 2009 年的市场状况平稳，英特尔的年收益率只有 5.8%，远低于 15% 的目标。这就很容易理解为什么英特尔可能会是一笔糟糕的投资，因为买入价格透支了公司未来的盈利增长。要想以 135 美元的买入价格获得 15% 的回报，英特尔必须在 10 年后涨到每股 546 美元，只有在市场继续高估英特尔的情况下，其股价才可能达到理想状态。另一种选择是等到英特尔的股价下跌后再买入。假设英特尔在 2009 年达到 237.87 美元，那么以 58.81 美元买入才有可能实现 15% 的回报率，这意味着当前的股价需要下跌 56%。

可口可乐。想知道为什么可口可乐的股价已经三年不涨了吗？一句话，从 1998 年达到峰值以来，其股价已经被严重高估了，注定未来的收益不好。表 12–3 总结了巴菲特 15% 法则之下的可口可乐的潜在回报率。当可口可乐在 1998 年每股达到 89 美元的峰值时，股价是每股收益 1.3 美元的 68 倍。当时分析师认为，可口可乐将以 14.5% 的速度增长。根据《价值线》的数据，可口可乐的历史平均市盈率为 22，在此，假设股息率为 40%，这个回报很诱人，但对于 89 美元的买家来说，却绝非如此。10 年后，可口可乐需要涨到 337 美元（不包括股息）才能实现 15% 的回报率。然而，根据历史数据推算，可口可乐到时候的价格仅能达到 110.66 美元，加上 11.80 美元的股息，总回报为 122.46 美元，年回报率仅为 3.3%，离 15% 的目标相差甚远。当以 30 美元买入可口可乐，而不是 1998 年的 89 美元买入时，才有可能实现 15% 的收益率。难怪在 1999 年和 2000 年年初可口可乐下跌时，巴菲特并没有增持可口可乐的股票。任何人以超过 30 美元的价格买入可口可乐，都只能带来较低的回报率。

表 12–3 　　　　　　　　　　　　　　**案例：可口可乐**

价格（美元）	89	增长率（%）	14.5
每股盈利（美元）	1.30	平均市盈率	22
市盈率	68	股息率（%）	40

年份	每股盈利（美元）
2000	1.49
2001	1.70
2002	1.95
2003	2.23
2004	2.56
2005	2.93
2006	3.35
2007	3.84
2008	4.40
2009	5.03
合计	**29.48**

10 年年化收益 15% 对应的价格（美元）	360.05
2010 年的预期价格（美元）	5.03×22=110.66
预期分红（美元）	11.80
总收益（美元）	122.46
预期 10 年年化收益率（%）	**3.3**
实现年化收益率 15% 可支付的最高价格（美元）	30.30

雅培实验室。惠普、英特尔和可口可乐是 1999 年和 2000 年年初市场估值的代表。在 2000 年，很少有公司能达到巴菲特 15% 的收益率门槛。哪怕是英特尔、戴尔电脑、EMC、环球电信（Global Crossing）、思科系统和甲骨文等这些涨幅最高的股票，其风险回报率也太低，后来入场的投资者根本赚不到钱，他们不得不依靠市场波动和高频交易推高股价，以此证明自己买对了。

然而，尽管一些大盘股的股价飙升，但也有一些股票在下跌，这使得它们在三四年以来头一次显示出较大的吸引力。雅培实验室在 2000 年年初跌至 29 美元时，显示了诱人的潜力，此时，市盈率下降到 17 倍，低于雅培的历史平均水平，仅为其盈利增长率的 1.4 倍。自 20 世纪 50 年代末以来，雅培一直保持着最稳定的增长纪录，其盈利增长率保持在 12%～15% 之间，几乎无可挑剔。当时，分析师预计雅培未来的增长率为 12.3%。股息将达到雅培公司收入的 40% 或更多。

回报率如表 12-4 所示。投资者以 29 美元买入，10 年后股价达到 117 美元，他才能获得 15% 的回报。计算结果是 110 美元（加上股息）。由于雅培实验室的市盈率接近历史市盈率，因此只需要保持当前的盈利增速，即可实现 15% 的投资目标。

表 12-4　　　　　　　　　　　**案例：雅培实验室**

价格（美元）	29	增长率（%）	12.3
每股盈利（美元）	1.67	平均市盈率	18.2
市盈率	17	股息率（%）	40

年份	每股盈利（美元）
2000	1.88
2001	2.11
2002	2.37
2003	2.66
2004	2.98
2005	3.35
2006	3.76
2007	4.22
2008	4.74
2009	5.33
合计	**33.40**

10 年年化收益 15% 对应的价格（美元）	117.32
2010 年的预期价格（美元）	$5.33 \times 18.2 = 97.00$
预期分红（美元）	13.36
总收益（美元）	110.36
预期 10 年年化收益率（%）	**14.3**
实现年化收益率 15% 可支付的最高价格（美元）	27.27

这个案例显示，雅培实验室的收益率略低于 15% 的门槛，但已经足够接近标准，值得观察。

通过简单计算，投资者就能从逻辑上避开大多数热门股票，耐心等待股价回落。这就是巴菲特在过去 18 个月里一直按兵不动的原因。正如前面所指出的，在可口可乐、吉列或迪士尼股价下跌时，他并没有加仓，反而还卖了一部分。

这个练习强调了一个重要的观点：买入价格决定了投资回报率。在 1998 年，可口可乐股价涨到 89 美元的峰值，市盈率超过 60 倍。当时，可口可乐被券商和基金奉为不容错过的成长股。但问题是，没有人愿意分析一下可口可乐的股价与未来业绩的关系。即使可口可乐的收入一直在增长，但以 89 美元的价格买入，注定会让后来的投资者收益欠佳。

在 1999 年迪士尼股价涨到 43 美元的峰值，通过上述计算，10 年后的预期回报率每年仅为 0.5%。考虑到迪士尼的预期收益，只有以每股 11 美元的价格买入，才能实现 15% 的年化收益率。如果要超过 15%，买入价要低于 11 美元。沃尔格林股价在 1999 年涨到 45 美元的峰值，市盈率达到 48 倍，通过计算，它的回报率同样糟糕，只有以每股 12 美元买入，才能获得 15% 的长期回报。如果以每股 45 美元买入，就意味着在接下来的 10 年中，投资者可能没有任何回报。同样，吉列的股价要跌到 22 美元才能达到收益率的门槛，而美国运通要打对折才行。

在所有被热捧的股票中，最典型的是查尔斯·施瓦布，其峰值价格为 52

美元（三拆四后），这个价位会让新来的投资者没有任何收益。在既定盈利的增长率下，只有股价下跌 80%，即拆分后每股 11 美元时，投资者才能实现 15% 的收益率。

这些分析有点让人难以接受，但仍能说明问题。当投资者买入一只已经上涨了几倍的股票时，未来的回报率就可能会低得可怜。然而，许多投资者认为过去的业绩是可以复制的。他们不断买入戴尔电脑或高通等股票，认为它们五年后能再涨 60 倍。没有什么比过高的买入价格更能降低回报率的了。正如彼得·林奇所说："当你买入一只定价过高的股票后，公司实现了巨大的成功，而你却没有赚到钱，这真是一场悲剧。"

第 13 章

另眼看增长

　　沃伦·巴菲特是第一个承认这个事实的人：没有人能够精确地估值，包括他自己。哪怕研究数据相同，50 个分析师也能得出 50 个不同的估值结果，即使是对于沃尔格林和默克那样容易预测的公司也一样。理论上，分析师们的估值结果应该很接近，但实际不然。要详细分析一家公司，需要 100 多个变量数据，其中很多数据都是基于分析师的直觉和估计得来的。只要改动其中一个或两个关键数据，如增长率、市场份额或利率，就能得出完全不同的估值结果。

　　巴菲特认识到了估值的内在缺陷，他用一条常识性的原则进行弥补："真正的价值应该能抓住你的眼球。"在 1996 年的年会上，他承认在研究股票时很少采用估值技术，"只有当公司价值向你扑面而来的时候，才是真正的价值"。

　　事实上，大多数投资者在买入资产之前，都会先入为主地判断一下资产价值。例如，买房者可能无法准确判断出比弗利山庄一栋 4000 平方英尺①的佐治亚式住宅的价值，但是在面对 75 万美元的标价时，他一定知道这是一个捡便宜的机会。类似地，如果美国航空公司把纽约到巴黎的往返机票价格

---

① 1 平方英尺 ≈ 0.092 平方米。——译者注

降低到 199 美元，你会立即发现这个价值。同样，你可能觉得耐克每股 50 美元没什么吸引力，但是一降到每股 25 美元，你就知道机会来了。

可以这样说，到 1999 年年底，巴菲特已经看不到这种扑面而来的价值了。在他看来，比弗利山庄式的股票已经没有价格优势了，只能获得低于平均水平的回报率。

通常，懂一点常识就会让你判断出一只股票是否具有巨大的价值，或者股价是否有吸引力。第 2 章和第 12 章讨论了两种分析价值的方法，它们都是通过对增长的合理估计来预测未来的回报率。在本章，我们可以运用巴菲特的快速分析法来剖析市场对股票的种种假设是否合理。

教科书上说，投资者获得的收益是不可能超过一家公司的价值的。换言之，在剔除通货膨胀和风险因素后，如果一家公司总共能赚到 100 亿美元的利润，那么股东应该愿意支付 100 亿美元买下这家公司。因此，如果亚马逊公司的股票价值 250 亿美元，那么投资者押注亚马逊公司未来收益的贴现值会达到 250 亿美元或者更多。如果亚马逊的盈利能够远超 250 亿美元，那么它就是一只价值显现的股票。如果亚马逊最终赚不到 250 亿美元，那么它的股票就被高估了。

现在要考虑的是，250 亿美元是不是一个合理的数字，它是否夸大了公司的真正价值。通过使用互联网上的估值模板，投资者可以快速评估出市场对股票的估值是否符合目标。Stock Evaluator 这个 App 可以根据用户的增长率假设，给出公司的评估价值数据。它提供了一个有效的工具，可以根据当前的利率水平、公司过去和未来的增长率，以及投资者的预期回报率给出投资者应付的最高价。

投资者可以通过两种方式使用这类工具。一是，这些工具的真正价值在于它们可以为买入提供合理的价格范围。如果数据显示一家公司每股价值 50 美元，而当前股价为 100 美元，投资者就应该避免买入这类股票。相反，如果股价为 25 美元，投资者就可以通过进一步调查来决定是否买入。二是，可以使用股票计算器抽查市场的估值，尤其是那些热门的科技股。由于公司未来的增长率很难估计，所以 Stock Evaluator 允许采用间接方法。我们可以从当前股价反推出维持这个价格所需的长期增长率是多少。换句话说，与其质疑一只股票是否值得买入，比如说这只股票每股是否值 100 美元，不如试着去确定能让股价维持在 100 美元需要的盈利增长率是多少。

欢迎来到美国雅虎和思科

2000 年 2 月，我对 200 家美国最大的公司进行了筛选，以确定市场是否正确评估了这些公司的未来前景。我使用 15% 的贴现率，通过计算机来计算维持这些公司的股价需要什么样的增长率，结果见表 13-1。

有几家公司轻松过关，表明它们的股价是合理的。例如，陷入困境的烟草制造商菲利普·莫里斯将仅需要保持 3% 的盈利增长率，就可以维持 21 美元的股价。而菲利普·莫里斯的盈利自 20 世纪 50 年代末以来每年保持 16% 的增速。因此，市场对于菲利普·莫里斯的定价基于这样的预测：菲利普·莫里斯的盈利增速将下降 80%。该股在 1998 年底达到 57 美元的峰值，在下跌至 21 美元的过程中，市场要么正确评估了菲利普·莫里斯的未来，要么恐慌中抛售了股票。

制药和医疗产品公司雅培实验室只需保持 7% 的年增长率，就能维持其 2000 年 2 月 31 美元的股价。1999 年底，由于对药物开发渠道的短期担忧，该股暴跌了 20 多美元，和菲利普·莫里斯一样，雅培实验室在 2000 年的盈利增长率为 16%。投资者把股价压到 33 美元，依据的增长率仅为实际的一半。

表 13-1　　　　　　　当前股价所需的盈利增长率（2000 年 2 月）

	2000 年 2 月股价（美元）	目前股价所需增长率（%）	年销售额（百万美元）	2020 年销售额（百万美元）	2020 年销售额占 GDP 的百分比（%）
美国 GDP		**3**	**8 900 000**	**16 075 000**	
雅虎	360	63.0	589	10 324 461	64
思科系统	124	39.0	12 154	8 810 798	55
高通	140	46.5	3937	8 164 280	51
沃尔玛	55	20.0	137 634	5 276 557	33
摩托罗拉	155	29.0	30 931	5 037 188	31
捷迪讯光电	202	63.0	283	4 960 649	31
亚马逊	75	48.5	1639	4 457 671	28
通用电气	136	18.0	111 630	3 057 884	19
太阳微系统	83	29.0	11 726	2 063 219	13
甲骨文	60	30.0	8827	1 677 568	10
美国在线	56	34.0	4777	1 664 375	10
迪士尼	38	22.0	23 402	1 248 675	8
朗讯科技	56	18.5	38 303	1 141 826	7
微软	106	22.0	19 747	1 053 653	7
戴尔电脑	38	21.5	18 243	896 648	6
环球电讯	50	45.5	424	766 700	5
英特尔	105	17.5	29 389	739 507	5

续前表

	2000 年 2 月股价（美元）	目前股价所需增长率（%）	年销售额（百万美元）	2020 年销售额（百万美元）	2020 年销售额占 GDP 的百分比（%）
嘉信理财	38	19.0	3945	127 934	1
博科	190	39.0	117	84 817	1
宝利通	65	22.5	200	11 581	0
CMGI	120	20.5	176	7333	0
惠普	128	14.5	42 370	635 577	4
宝洁	94	14.0	38 125	523 971	3
美国铝业	38	10.5	16 323	120 239	1
希尔斯百货	30	9.0	41 071	230 179	1
雅培实验室	33	7.0	13 178	50 995	0
杰西潘尼百货	18	6.0	30 678	98 389	1
美泰	11	5.0	4782	12 688	0
菲利普·莫里斯	20	3.0	78 596	141 953	1

零售商杰西潘尼百货在千禧年伊始也面临着类似的股价压力，要维持 18 美元的股价，公司只需 6% 的盈利增长率，而自 1960 年以来，杰西潘尼百货的盈利增速保持在 9%。

这些股票只是少数。许多华尔街追捧的股票都被严重高估了，最被高估的股票是雅虎。2000 年 2 月，这家互联网门户网站的股价是 360 美元，而当时雅虎的销售额约为 6 亿美元。虽然公司的季度报告显示公司是盈利的，但市场对它的估值却高达 900 亿美元，这几乎是菲利普·莫里斯市值的两倍。假设贴现率为 15%，雅虎将来要保持 63% 的增长率才能维持 360 美元的股价，这个数字还是基于雅虎的流通股数额保持不变。

就事论事，假设雅虎的收入将实现 63% 的增速，毕竟公司的长期盈利与收入相符。到 2020 年，雅虎的收入将超过 10.3 万亿美元。假设美国经济在扣除通货膨胀后能够保持 3% 的增速，那么到 2020 年，雅虎的收入将占美国经济的 64%。如果我们还有一点生物学常识，就会明白即便是草履虫都不可能繁殖得这么快。

这看上去很牵强，不是吗？但是当投资者以 360 美元买入雅虎时，已经在潜意识里认同了雅虎 10 万亿美元的未来收入。如果达不到这个收入水平，只要持股时间够长，最终投资者都会亏损。毕竟正如巴菲特所指出的，一只股票的价值不会超过公司创造的盈利。

伯克希尔·哈撒韦公司副董事长查尔斯·芒格曾经说过，最愚蠢的是，人们会为了一件事进行辩护，而改变自己的信仰。"正如德摩斯梯尼所预测的那样，人们通常会极其荒谬地盲目乐观，"芒格在 1998 年对一群投资专业人士说，"例如，瑞典的一项调查显示，90% 的汽车司机认为自己高于平均水平。但和那些成功的销售人士相比，他们会感到受挫。事实上，人们都认为投资专家们智慧超常，而忽略了那些反面的证据。"

按照股票计算器的计算，思科系统是估值第二高的股票。为了维持 12 美元的股价，思科必须保持 39% 的增长。尽管世界上还没有一家公司能够达到这个水平，但是投资者却认定这是可能的。数学计算再次证明，思科不可能实现这么高的增长率。如果思科实现了 39% 的收入增长，那么到 2020 年，它将实现 8.8 万亿美元的收入。这意味着思科的收入将在 20 年后占到美国经济的 55%。如此一来，思科和雅虎的收入将超过美国经济产出 3 万亿美元。你能想象只有两家公司的经济体吗？

表 13-1 说明，1999 年和 2000 年许多热门股票的价格与基本面完全脱节。这说明投资者完全不考虑价值，而去一味地哄抬股价。当然，没有人能够准确评估思科在 2000 年的股价应该是多少，但是在巴菲特看来，无论这些公司的增速是多少，这些股价都是荒谬的。

2000 年初，高通公司的股价为 140 美元（四拆五后），这意味着该公司需要实现 46.5% 的盈利增速。有趣的是，在本章写作完成之前的几周，高通公司的股价已经跌了大约 30%，但是即使在下跌之后，股价依然被高估了。通过计算，140 美元的股价意味着高通公司在 2020 年的收入将达到 8.1 万亿美元，占美国经济总量的 51%。

沃尔玛的股价意味着该公司在 2020 年将占美国经济总量的 33%。摩托罗拉 155 美元的股价意味着到 2020 年其收入将达到 5 万亿美元。通用电气则需要在 2020 年实现 3.1 万亿美元的收入，才能维持其 136 美元的股价。按照测算，美国在线的收入将占美国经济的 1/10，甲骨文也一样。迪士尼需要保持 22% 的盈利增速，并且最终会占到美国经济总量的 8%。亚马逊公司需要实现 4.5 万亿美元的收入，才能维持 75 美元的股价。

长期牛市会让逻辑变得模糊，让价格和价值变得无关紧要，投资者越来越追求"趋势"，他们相信一切都能够超越理性。我们应该正确看待这些数字。如果 Stock Evaluator App 计算的增长率是正确的，那么终有一天，美国经济将只由少数几家公司组成，包括思科、雅虎、高通（它们的大部分收入来自海外），再加上微软、摩托罗拉、甲骨文和英特尔，而不需要其他公司了。而且，美国所有的员工都只能来自这七家公司。

如果你相信这样美好的未来，就应该在 2000 年年初买入这些股票。巴菲特没有这样做，而是把钱存了起来。在这个问题上，本杰明·格雷厄姆做过精彩的阐述：

即使是真的，这种未来无限美好的念头也是危险的。即使是真的，你也很容易高估其安全性，因为一切想法都能如愿以偿。不仅如此，这也特别危险，因为有时你这些不切实际的想法往往都是错的，而你未来将为它们付出巨大的代价，这让你的处境十分糟糕！

第14章

寻找护城河：追求稳定

我经常光顾当地的麦当劳餐厅，我会特意看一下餐厅后墙上贴着的点餐统计表。这些表格汇总了当天的订单，并把餐厅内订餐和得来速餐厅不下车订餐的数量分开。

一年多来，我注意到这些数字变化不大。除了节假日，每天的就餐人数都差不多，其中有 68%～70% 的顾客在得来速餐厅订餐，显然，稳定是资本收益的根源。

1998 年以前，克莱克·贝乐尔（Cracker Barrel）的怀旧乡村连锁餐厅还有相当的吸引力，十几年来保持了 15%～20% 的收入增速，股价也随之上涨。稳定是克莱克·贝乐尔成功的关键。当时，克莱克·贝乐尔的翻台率为 8 次，也就是在 24 小时内，有 8 个不同的客人在同一张餐桌上就餐（一家店通常有 175 到 200 个座位），而其他餐厅都没有这么高的翻台率。因此，一家克莱克·贝乐尔餐厅的年收入为 300 万～400 万美元，远超麦当劳的连锁店。投资这家餐厅相当于找到了一座金矿。每天 8 次的翻台率能让投资者赚得盆满钵满。无论餐厅位于何处，每家新开业的克莱克·贝乐尔餐厅都能实现 30% 的投资回报率。也就是说，每投资 100 万美元开一家新餐厅，就能得到 30 万美元的利润。

沃伦·巴菲特非常重视稳定，因为稳定能够消除投资组合的风险。研究表明，稳定的业绩能够带来股价的稳定上涨。一家业绩长期稳定的公司，比一家盈亏大幅波动的公司有着更稳定的股价。不稳定的业绩是所有投资者的梦魇。通用汽车、美国铝业、斯伦贝谢（Schlumberger）和西尔斯·罗巴克都是盈利剧烈波动的公司，它们的股价会像过山车一样上下颠簸。在盈利快速增长期间，股价会快速上涨，一旦增长势头放缓，投资者就会纷纷抛售股票。最终的结果就是股价陷入长期的低迷。

这些类型的收益波动有时在很长时间内不会给投资者带来净收益。当西尔斯·罗巴克的股票在 1999 年年底跌回 30 美元左右时，其交易价格与1972 年大致持平，通用汽车公司的股价只比 1972 年高出约 15 美元。斯伦贝谢公司股票在 1999 年年初的下跌使股价回到了 1980 年的水平。因为这些公司从未能够持续增加收益，某股价在 20 年或更长的时间里在大箱体内上下波动。在这一过程中，它们周期性地欺骗投资者，让他们认为持续增长就在眼前。

巴菲特只选择那些具有稳定业绩的公司，以此尽量消除投资风险。对他来说，如果一家公司能够实现 15% 的盈利增长，股价就不会像其他公司那样上蹿下跳。

有时候，这些股票的价格会高于公司的内在价值，在这种情况下，巴菲特会继续持有。当股价大幅下跌时，巴菲特可能还会增持。一般来说，除非公司的盈利预期发生变化，否则他会一直投资。

经典案例就是 1919 年上市的可口可乐。经历过萧条、战争、糖价波动，可口可乐经历过太多风霜雨雪。对于我们来说，多去思考产品能否保持盈利，比整天算计该买入还是抛售股票要有用得多。

对巴菲特来说，股价波动越小越好。如果股价波动过大，投资者就会重新评估这笔投资。大多数投资者都把股价作为公司成功与否的评价标准，而不去考察公司的损益表和资产负债表。对这些投资者来说，股价上涨说明公司经营良好，而股价下跌则说明公司发展不利。一旦股价变得不稳定，投资者往往会一抛了之。因此，选择价格波动小的股票，能够让投资者避免不必要的频繁交易。

公司稳定的业绩是稳定性的有力证明。巴菲特会重点考察那些具有长期卓越盈利记录的公司，尽量避免选择波动大的股票。近年来，巴菲特的投资没有因为股价的剧烈波动而遭受损失。可口可乐在 1998 年达到 60 倍市盈率，迪士尼和吉列在 1998 年和 1999 年间的市盈率都超过 40 倍。回顾过去，这三只股票注定会让投资者表现不佳，而巴菲特却很少犯这样的错误：他不会投资那些被高估的公司的股票。

然而，公司的业绩只能反映过去。要进一步消除股价风险和避免股价异常波动，还有一个重要的方法，那就是买入能够量化和预测未来前景公司的股票。

股价反映的是企业的未来收益，而不是过去的收益。因此，投资者应该关注那些能在未来 10 年或者更长的时间保持稳定增长的公司。

但是，这会给投资者带来困难，因为未来很难预测。事实上，大多数美国公司和行业都会在未来 10～15 年内发生重大变化。例如，投资者不知道未来经济的表现会如何，利率是升还是降，美元是否坚挺。此外，人们也无法预测技术和生产率的变化会如何改变商业环境。今天的热门产业可能会在五年之内迅速消亡，今天被华尔街热捧的科技股可能会被新出现的技术迅速淘汰。投资者的分析能力已经跟不上技术变革和生产力的发展速度。如果没有认识到这一点，必然会在投资中犯错。

从社会的角度来看，新技术是有益的。然而，我们要做的就是寻找那些在 10 年、15 年或 20 年后依然能够预测的公司和业务，这意味着这些公司将不会因为环境变化而受到显著影响。多数情况下，变动意味着威胁而不是机会，这与大多数人的看法完全相反。除了少数个案以外，突然的变化并不会给投资者带来收益。我们寻找的是在未来依然能够稳健盈利的公司。

年纪稍长的投资者应该还记得 20 世纪 80 年代中期那些最热门的科技股和软件股，比如高乐高（Coleco）、凯步罗（Kaypro）、科罗娜电脑（Corona Computers）、葛丽德系统（GRiD System）、莫虎科数据（Mohawk Data Sciences）等。这些公司的股票都被华尔街吹捧为稳赚不赔。然而，泡沫比啤酒沫碎得更快。这些股票在峰值时市盈率都超过 100 倍。

在 1999 年年中，沃伦·巴菲特因为保守受到了媒体的强烈批评，他在过去两年中避开了疯涨的纳斯达克股票，并且刻意回避了科技股。"他什么时候能够醒来，闻闻玫瑰花的香味？"一位对冲基金经理在电话里告诉我，

"他必须接受现实，科技才是最重要的。"网络聊天室里也发出了对巴菲特的严厉批评。"他的时代已经过去了，他属于上个世纪。"雅虎上的一篇匿名帖子这样说。

但巴菲特却始终坚持自己的立场，他认为尽管科技在美国经济中的比重越来越大，但是并不具有稳定性，投资者应当谨慎投资。巴菲特说，如果一家公司的未来无法预测，就无法给出估值，这样就没法确保这笔投资能够盈利。一家不可预测的公司，可能每股价值 200 美元，也可能每股只值 2 美元。在真相大白之前，没有人知道当前的股价是否合理。1998 年，巴菲特对股东们说："我可能会问一个学生，某个互联网公司值多少钱？如果他给出具体的数目，他肯定不及格。"

什么是可以预测的

随着千禧年的开始，投资者将科技股的价格推至离奇的高度，他们认为眼前的盈利增速能够在未来继续复制。回顾过去，我们可以评估一下这些股票是否如他们所坚持的那样稳定。

如果……怎么办

• 如果雅虎和亚马逊这两只最受追捧的互联网股票没有创造出高利润，会怎样？毕竟它们只是商品的分销商，利润率很低。由于雅虎和亚马逊到

2000 年都没能创造出高利润，投资者可以合理地得出结论，即这些公司可能永远也无法为投资者创造出利润。投资者在评估股价时，应该考虑亏损的可能性。

- 如果互联网发生技术革命，思科会被其他公司取代吗？思科是否值 140 倍市盈率呢？

- 如果出现一种新型的 CPU，会取代英特尔的奔腾芯片吗？另一种技术的出现，可能会让奔腾系列芯片变得毫无优势。

- 如果经济再次衰退，会让沃尔玛和家得宝（Home Depot）这些零售商的收入暴跌吗？到 1999 年底，零售股的价格已经超过了利润的 40 倍，好像这些公司不会受到经济疲软的影响一样。尽管这些公司对于商业周期非常敏感，但是投资者依然相信它们的高速增长是可持续的。

- 如果新技术出现，会替代有线和无线业务吗？如果真的出现了，高通公司、捷迪讯光电、亚特兰大科技（Scientific Atlanta）的股票还能值多少钱？

- 如果个人电脑成本极低，可以被电话公司免费赠送，并且不用再安装操作系统，那么戴尔、康柏和微软的命运会怎样？它们能否像 1999 年那样维持 70 倍的市盈率？

这些事件会发生吗？巴菲特会说也许不会，但如果你坚信这样的事情不会发生，那就太傻了。历史上充斥着被创新替代的行业，创新能够改变市场，甚至连微软创始人比尔·盖茨也承认，技术领域变化太快，没有百分之百的事情。就像盘山路一样，科技行业可以让线性思维的投资者找不着北。"我认为科技股的市盈率应该比可口可乐和吉列的低一些，因为技术的变化实在是太快了。"1998 年盖茨在西雅图华盛顿大学对商学院的学生说。

尽管我们也希望微软、思科系统、甲骨文、北方电信、朗讯科技和其他公司能够保持高利润，但是由于创新的速度加快，它们还是会面临风险。巴菲特曾多次强调，我们没有那种远见去预测未来的技术发展。甲骨文从 2000 年开始，市盈率超过 110 倍，这意味着甲骨文当前的增长率至少要保持 10 年以上，才能维持这个价格。而雅虎的天价直到今天都没有任何支撑。

如果公司的运营无法支撑当前的股价，那么投资者应该依靠什么呢？巴菲特说，许多公司在几十年来不断扩展其核心业务，几乎没有出现周期性的波动。由于这种稳定性，我们可以合理地假设，这些公司在未来几十年还能够继续运营，并为投资者提供稳定的收益。可口可乐在一百年里始终销售糖浆，其核心战略从未改变过。10 年后，你会发现可口可乐还在卖糖浆，唯一不同的是收入和利润会变得更大。

假设你要做一笔投资，并且要与世隔绝 10 年，你最看重什么？我最看重确定性，假如可口可乐公司的市场份额会继续增长，虽然我不懂可口可乐的配方，但是我知道可口可乐是一家好公司。

吉列、安海斯 – 布希公司（Anheuser Busch）、强生（Johnson & Johnson）、哈雷 – 戴维森、宝贝卷糖业（Tootsie Roll Industries）、温迪国际（Wendy's International）、自动数据处理公司、美国通用配件公司、美国箭牌和好时也是这样的好公司。诚然，这些公司缺乏高通、环球电信这些热门股的吸引力，但它们仍然年复一年地为股东带来收益。

投资者往往会忽略麦当劳这样的公司，它的战略不会轻易变化。如果把餐厅的订单表作为指标，那么投资者有望获得稳定的投资回报。可以预计在五年内，每天都有同样数量的顾客走进麦当劳餐厅，而且有很大一部分顾客会通过车道窗口点餐。相比之下，哪一只互联网股票能有如此稳定和巨大的潜在盈利？以后会有吗？如果没有，雅虎的股价凭什么是麦当劳的两倍呢？有谁能断定思科或太阳微系统在 15 年后会发展成什么样呢？它们的业务会像今天一样兴旺吗？它们的商业模式会发生改变吗？

如果不能预测这些公司的未来，就不要为此支付溢价。股票价格应该反映一家公司未来能为投资者带来的全部收益，如果不能预测收益，投资者就要承担过多的风险。市盈率超过 100 倍的公司，必须保持 30%～40% 的盈利增速才能维持住股价，而这在数学上是不可能做到的。

投资者有时会钻牛角尖，他们希望投资标的的盈利增速能够一直保持下去。事实是，几乎没有哪家公司能实现这个目标。近几年来，即使是微软和沃尔玛这样的公司，其盈利增速也大幅放缓。那些今天备受吹捧的科技股的增长率也终将大幅放缓，甚至回落的速度会更快。

回顾 20 世纪 90 年代，我们会发现许多所谓"确定"的趋势最终都没有发生。原油需求不断增加本应刺激石油股票上涨而给投资者带来巨大的回报；人口增长和垃圾填埋场的缺乏本应促进废物运输行业的股票大涨；小啤酒厂和高尔夫球杆制造商都应该成为"财富创造者"；世界范围内对医疗保健的需求增长应当刺激医疗股大幅上涨。

波士顿鸡肉（Boston Chicken）当时正如日中天，人们都认为它将成为所有家庭的首选餐厅。当时其在股价达到 40 美元峰值仅仅 18 个月后，便宣布破产了。个人电脑制造商艾美加（Iomega）和西部数据（Western Digital）本应该在迅速增长的计算机行业占有一席之地，但是它们最终都在价格战当中落败了。"企业想要一帆风顺地发展是很不容易的。"巴菲特这样说道。

很多人每天都在关注你，他们会找出更好的方法，压低价格做出更好的产品。但是真正能够做到这一点的公司并不多。在美国，经历了几十年的经济发展之后，仍然只有大约 400 家公司实现了 30 亿市值所需要的利润水平。然而，很多公司在上市当天就获得了 30 亿美元的市值，投资者应该好好思考一下背后的数学逻辑。

媒体喜欢嘲笑巴菲特错过了科技股的飙升，但是他们的指责似乎有失公允。巴菲特从来没有投资过波士顿鸡肉这样的亏损股票，他可能错过了微软和英特尔的崛起，但也成功避开了如西部数据这样的灾难。在股市中，昙花一现的股票往往多于明星股。盲目投资科技股，注定只能获得较差的收益。在 20 世纪 80 年代，很少有人能提前看出微软的价值。如果你在 20 世纪 80 年代中期等额买入了所有计算机硬件公司的股票，那么到了 20 世纪末，你只能期待这些股票不要亏损太多。苹果电脑、康柏和其他几家公司的收益，无法弥补别的公司遭受的可怕损失。

由于未来是不确定的，20 世纪 80 年代中期的投资者不得不在那些看似确定的领域中挑选"赢家"。不幸的是，多数人都失败了。

第 15 章

股票 VS 债券

基金经理兼作家杰拉尔德·勒布（Gerald Loeb）曾指出，对付通货膨胀最糟糕的方式是以虚高的价格买入资产进行"假对冲"。你如果没有准确地估计通货膨胀的风险或者购买力的可能变动，就容易买到一笔负收益的资产。作为投资者，你必须保护好自己的本钱，你选择的资产至少应该能够补偿资产的自然折旧。此外，投资也应获得类似资产在类似风险下大致相同的潜在回报率。

这对于积累财富至关重要。如果你的资产收益跑不赢通货膨胀或资产的自然折旧率，那么你的生活水平就会下降。你需要构建一个增值率高于自然折旧率的资产组合。事实上，人们进行投资主要就是为了使资产净值免受通货膨胀的影响。

长期以来，人们一直认为通货膨胀有利于投资者，因为公司可以据此提高价格，获得更好的利润率、收益和股本回报。今天，人们对通货膨胀的看法却刚好相反——通货膨胀不仅降低了公司收益的账面价值，而且还使股票的吸引力低于债券。1977 年，巴菲特在《财富》杂志上写过这么一段话：

计算结果清楚地表明，通货膨胀是一种比立法机关颁布的所有税收都更具破坏性的税收。通货膨胀税能够轻松地消耗掉资本。对于一个寡妇来说，假设她的存款利息是 5%，那么无论是在零通胀环境下缴纳 100% 的利息所得税，还是在 5% 的通胀环境下不缴纳利息所得税，结果都是一样的。无论哪种方式，她都没有得到任何实际的收入。

巴菲特把通胀视为一股永远无法消除的强大经济力量。通货膨胀可以像 20 世纪 90 年代末那样潜伏多年，但却永远无法被遏制。只要政府有能力让一个经济体增加流动性或使本国货币贬值，投资者就必须承担政客们为了自身利益所采取的财政政策以及随之产生的物价上涨。"稳定的价格水平可以维持，但是不能恢复。"巴菲特曾这样说道。

这些对股价的影响是巨大的。美国最近一次通货膨胀发生在 1994 年，导致股价连续暴跌了几个月。到 1994 年年底，经过两个月的横盘后，许多投资者割肉离场，转而买入债券。一年前市盈率还是 20 倍的股票，如今只剩 8～9 倍市盈率。

物价上涨，加上美联储加息的政策，导致了 1987 年的股市崩盘。由于巨额贸易赤字，大盘一天暴跌了 508 点。在股市崩盘前的几个月，利率开始上调，分析师们下调了股票估值。物价上涨也是 20 世纪 70 年代大熊市的原因。利率对蓝筹股起到了锚定作用，这些公司的市盈率当时都达到了惊人的几十倍。

通货膨胀率上升，债券收益率就会上升，同时股票的市盈率会下降。当通货膨胀率下降时，债券收益率也会下降，股市就会上涨。股票、通货膨胀和债券之间的相关性是确定的，不容忽视的。长期来看，股票和债券价格往往对相同的经济信息做出相同的反应。股票和债券之间的真正关系在于票息，即每笔投资的预期年度收益。债券投资者对票息非常熟悉，它是发行主体（公司或政府）承诺每年支付的债券票面价值的百分比。如果一家公司发行一张面值为 1000 美元票息率为 6.5% 的债券，公司就会承诺在债券到期前每年支付债券持有者 65 美元（6.5%×1000 美元）。无论债券以什么价格交易，65 美元的年息都是固定的。

由于每年的票息是固定的，因此债券的价值由三个因素决定：（1）债券剩余期限内的预期通货膨胀率；（2）同期政府债券的现行收益率；（3）债券持有人基于发行机构财务情况而要求的风险溢价。如果债券投资者预计通胀率将达到 4%，那么在债券票息率达到 4% 的水平之前，他们都不会买入债券。

普通股的票息来自公司创造的利润。公司每年产生的利润都归股东所有。然而，在大多数情况下，公司会留存利润进行再投资，以在未来产生更高的收益。因此，巴菲特认为，和债券的票息率一样，股票也具有票息率，两者可以进行比较。投资者选择股票和债券的目的是一样的，即寻找一种年回报率或票息能够跑赢通货膨胀的投资。除此之外，投资者还想投资收益率能够超过无风险政府债券收益率的股票。这样可以确保投资者能够战胜通货膨胀，并补偿票息不固定的风险。债的票息率是固定的，而公司的利润是每年波动的。

假设 30 年期美国国债的收益率为 6%，而一家公司的利润为每股 1 美元，那么当公司股价为 16.67 美元时，才能获得和债券一样的收益。考虑到公司的经营风险，理论上，投资者应该以低于 16.67 美元的价格买入，才能获得更高的收益率。假设股价为 12 美元，每股十美元的利润相当于 8.33% 的收益率。股价为 14 美元，则收益率为 7.14%。

只要公司每年能为股东创造每股 1 美元的利润，那么利润、政府债券收益率和股价之间的关系就不会改变。如果政府债券收益率上升，股票的收益率也应随之上升，那么股票就要下跌，以保持收益率和债券持平。如果政府债券收益率下降，那么股票应随之上涨，以保持票息收益率与债券收益率同步。

股票的本质是票息难以预测的债券

巴菲特说，可以把股票想象成债券的替代品，它是一种年收益不确定的浮动债券。债券的收益率是已知的，可以精确到日，而公司股票收益只能预测。巴菲特告诫大家，如果一定要买股票，那就要确保公司的收益率：

- 能够战胜通货膨胀率；
- 能够超过政府债券收益率（其定价反映了通货膨胀率）；
- 能够随时间的推移而上升。

最后一点是最重要的。投资者要努力提高投资回报率，通过买入收益率随时间增长的公司的股票就能实现这一目标。当收益增加时，投资回报率（收益率）就会随之增加，股价也会随之上涨。例如，一家公司每股盈利 1 美元，股价为 20 美元，盈利增速为 25%。表 15–1 显示了收益率会如何增长。

表 15–1　　　　　　　　　股价为 20 美元的收益率

年份	每股收益（美元）	20 美元价格的票息收益率（%）
2000	1.00	5.0
2001	1.25	6.3
2002	1.56	7.8
2003	1.95	9.8
2004	2.44	12.2
2005	3.05	15.3
2009	3.81	19.1
2007	4.77	23.9
2008	5.96	29.8
2009	7.45	37.3
2010	9.31	46.6

到 2010 年，该公司的盈利将提供 46.6% 的投资回报，远远超过通货膨胀率和债券的票面收益率。2000 年买入的债券，到 2010 年的回报率仍为 5%。如果利率在这段时间内没有变化，那么债券的价格可能也会保持不变。然而，股票可能会大幅上涨。如果该公司的市盈率保持 20 倍不变，那么 2010 年该公司的股价将达到 186.2 美元，这是当初 20 美元投资的 831%。

尽管这看上去让人很兴奋，但是如果出现以下两种情况之一，投资回报率还可以进一步提升：（1）盈利增速超过 25%；（2）股价低于 20 美元。无论发生哪种情况，随着时间的推移，股票的收益率都会更高。该公司的长期

回报率大幅跑赢通货膨胀。面对这么诱人的机会，巴菲特当然会毫不犹豫地
选择股票而不是债券，但是没有百分之百赚钱的股票。事实上，随着股价的
上涨，收益回报率会下降，吸引力也会降低。

假设这只股票的价格是 40 美元，而不是 20 美元，那么每年的回报率将
是原来的一半。事实上，该股票在未来几年的收益率都不会超过债券了。债
券收益率保持在 6%，这只股票在 2005 年之前的收益都无法轻易超过债券收
益。投资者必须等待五年，才能等到股票的收益超过债券收益（见表 15–2）。

表 15–2　　　　　　　　股价为 40 美元的收益率

年份	每股收益（美元）	40 美元价格的票息收益率（%）
2000	1.00	2.5
2001	1.25	3.1
2002	1.56	3.9
2003	1.95	4.9
2004	2.44	6.1
2005	3.05	7.6
2009	3.81	9.5
2007	4.77	11.9
2008	5.96	14.9
2009	7.45	18.6
2010	9.31	23.3

有一点要注意，这种回报率的基础是公司能获得 25% 的盈利增速。如
果公司无法维持高增长率，就必须调整收益率的假设。此外，利率可能会升
至 7%，这将大幅降低公司的投资吸引力。投资者很容易就为这家公司支付
溢价，而收益却不如人意。在巴菲特看来，这源于给投资留出的安全空间过
于狭小。

平心而论，该公司的股票收益率有可能超过债券收益率。只要保持年利润增长，该公司的股票是比债券更好的投资机会。如果投资者能长期持有该公司的股票，几乎可以肯定收益将超过最初的目标。但为了更保险，投资者除了关心股价之外，还应该关心公司的盈利情况。

股票 VS 债券的六条规则

在我的上一本书《华尔街销售》（*Wall Street on Sale*）中，我设计了一套规则，让投资者将债券和股票放在适当的关系中进行比较。因为这套规则对于理解沃伦·巴菲特的方法论至关重要，现总结如下。

- 股票投资者的首要目标是找到回报率能够跑赢通胀率的公司。两百年的金融历史已经证明，股票几乎肯定能够跑赢通货膨胀。
- 第二个目标是使收益率超过政府债券的无风险回报率，因为政府债券的定价已经反映了通胀率。如果投资者选择的股票不能跑赢债券回报率，那就不如直接投资债券。
- 正确比较股票收益和债券收益的方法是比较票息，也就是它们每年能为你赚多少钱。评价债券时要关注每年的"票息"，评价股票时要关注公司每年的盈利。
- 如果可能，应该买入当前收益率（即当前盈利除以股价）接近或高于长期债券收益率的股票。如果利率为 6%，股票的收益率应接近 6%，也就是说股票的市盈率应在 17 倍或以下。如果利率为 8%，应该买入市盈率为 12.5 倍或更低的股票。

- 唯一的例外是，虽然目前盈利低于债券收益，但是公司正在快速增长，预期盈利率会超过债券收益率。高增长率弥补了低收益率，但公司的收益率在几年内仍优于债券。如果投资者必须等上五年或更长时间才能让股票收益赶上债券收益率，那么这笔投资就是失误。

- 以尽可能低的价格买入成长型公司的股票，才能保证股票收益大幅超过债券收益。投资者应该利用复利，使初始投资获得越来越高的回报率。持续增长的盈利能够推动股价上涨，最终使投资回报持续上涨。

巴菲特主要投资项目的收益率

分析师猜测，巴菲特会在进行详细的财务报表分析之后选股，实际上巴菲特似乎最看好不断增长并能超越债券收益率的股票票息。表 15–3 显示了巴菲特在 20 世纪八九十年代公开投资中获得的票息收益率，从中可以看出巴菲特为什么会长期持有可口可乐、吉列和美国运通等消费类股票。他持有的每一只股票的票面收益率都持续远远超过债券收益率，因此他当然不会轻易放弃这些股票。尽管巴菲特的有些持仓最近表现欠佳，但他仍不愿抛售这些股票，因为它们依然在为初始投资创造巨大的回报。卖出这些股票将迫使巴菲特投资新的公司，而这些公司票息回报率很低。

表 15–3 比较了 20 世纪 90 年代伯克希尔·哈撒韦公司几大持仓股的收益率。在计算回报时，假设投资者从 1990 年 1 月 1 日买入，并持有至 1999 年底。作为唯一的股东，投资者将能够获得该公司每年产生的全部净收入。表 15–3 还显示了价格如何影响收益率。如果投资者在 1990 年以 15 倍市盈

表 15-3　伯克希尔·哈撒韦公司部分持仓的收益率

公司	买入价（美元）	1990 年	1991 年	1992 年	1993 年	1994 年	1995 年	1996 年	1997 年	1998 年	1999 年
净收益（%）											
美国运通		338	789	436	1478	1413	1564	1901	1991	2141	2475
可口可乐		1382	1618	1884	2188	2554	2986	3492	4129	3533	2431
联邦住房信贷抵押公司		414	555	622	786	1027	1091	1258	1395	1700	2218
联邦抵押集团		807	1173	1455	1649	2042	2141	2156	2754	3069	3444
吉列		377	302	346	398	465	477	943	713	783	958
迪士尼		368	427	513	427	698	824	949	1427	1428	1260
华盛顿邮报		175	119	128	154	170	190	221	282	223	226
富国银行①		281	399	518	654	800	956	1154	1351	1950	3747
年化收益率（%）											
1990 年以 15 倍净收益价格买入											
美国运通	5070	6.7	15.6	8.6	29.2	27.9	30.8	37.5	39.3	42.2	48.8
可口可乐	20 730	6.7	7.8	9.1	10.6	12.3	14.4	16.8	19.9	17.0	11.7
联邦住房信贷抵押公司	6210	6.7	8.9	10.0	12.7	16.5	17.6	20.3	22.5	27.4	35.7
联邦抵押集团	12 105	6.7	9.7	12.0	13.6	16.9	17.7	17.8	22.8	25.4	28.5
吉列	5655	6.7	5.3	6.1	7.0	8.2	8.4	16.7	12.6	13.8	16.9
迪士尼	5520	6.7	7.7	9.3	7.7	12.6	14.9	17.2	25.9	25.9	22.8
华盛顿邮报	2625	6.7	4.5	4.9	5.9	6.5	7.2	8.4	10.7	8.5	8.6
富国银行	4215	6.7	9.5	12.3	15.5	19.0	22.7	27.4	32.1	46.3	88.9
1990 年以 20 倍净收益价格买入											
美国运通	6670	5.0	11.7	6.4	21.9	20.9	23.1	28.1	29.5	31.7	36.6
可口可乐	27 640	5.0	5.9	6.8	7.9	9.2	10.8	12.6	14.9	12.8	8.8
联邦住房信贷抵押公司	8280	5.0	6.7	7.5	9.5	12.4	13.2	15.2	16.8	20.5	26.8
联邦抵押集团	16 140	5.0	7.3	9.0	10.2	12.7	13.3	13.4	17.1	19.0	21.3
吉列	7540	5.0	4.0	4.6	5.3	6.2	6.3	12.5	9.5	10.4	12.7
迪士尼	7360	5.0	5.8	7.0	5.8	9.5	11.2	12.9	19.4	19.4	17.1
华盛顿邮报	3500	5.0	3.4	3.7	4.4	4.9	5.4	6.3	8.1	6.4	6.5
富国银行	5620	5.0	7.1	9.2	11.6	14.2	17.0	20.5	24.0	34.7	66.7

注：①富国银行 1999 年的数据包含了超过 10 亿美元的风险资本收益。

率买入美国运通，那么 1999 年的收益率为 48.8%。也就是说，美国运通的净收益占初始投资的 48.8%。

如果以 20 倍市盈率的价格买入美国运通，那么 1999 年的净收益占初始投资的 36.6%。这些数字足以说明，对于 1990 年的买家来说，要想在持股多年后卖出美国运通的股票是多么困难，没人能拒绝 48.8% 的收益率。特别是美国运通的年收益仍有进一步增长的趋势，卖掉这些股票肯定是错误的。

债券何时优于股票

通过上面的例子，投资者可以确定股票的潜在回报率是否高于债券。当股票收益率超过债券时，股票的吸引力最大。相反，当债券的收益率远超过股票时，债券最具吸引力。例如，到 1999 年年末，30 年期政府债券的收益率约为 6.3%，但标准普尔 500 指数成分股的平均市盈率为 30 倍，即收益率为 3.3%。即使假定 2000 年和 2001 年这些能够以正常的速度增长，债券仍然比股票更具吸引力，这也是巴菲特在 1999 年没有投资新股票的原因。利率下降和收益快速上升等因素综合在一起，才能使股票收益率超过债券。

投资者可以访问德意志银行证券公司经济学家爱德华·亚德尼（Edward Yardeni）的网站，了解债券相对于股票的价值。亚德尼比较债券收益率和股票收益率来衡量股票是否被高估了。他将 10 年期政府债券的收益率与标准普尔 500 指数的预期收益率进行比较。如图 15-1 所示，在过去 20 年中，这两种收益率之间存在着直接密切的相关性。债券收益率下降时，股票收益率也会下降（市盈率上升），反之亦然。当两种收益率之间差距过大时，市场就会失去平衡。亚德尼的模型显示，到 1999 年底，股票市场被极度高估（见图 15-1）。

另一种比较方法是把股票的收益增长与债券收益率进行比较。例如，甲骨文在 2000 年春季的股价为 82 美元，市盈率为 160 倍。相比之下，分析师预测甲骨文未来 5 年将保持 30% 的盈利增速。因此，甲骨文的股价是预期增速的 5 倍以上。利用这些数据，投资者可以快速判断甲骨文未来是否能够跑赢债券收益率。

假设投资者有两个选择，以 82 美元买入甲骨文的股票，或者买入 82 美元的利率为 5.5% 的美国国债。

投资者会如何选择？如果买入国债，每年续作，5 年后 82 美元的投资将升值到 107.17 美元。因此，甲骨文的股价必须要在 5 年内达到 107.17 美元才能跑赢国债。这看上去并不难，但是甲骨文很难轻易实现这个目标。假设甲骨文的盈利为每股 0.50 美元，盈利增速为 30%。到第五年年底，甲骨文的每股盈利为 1.86 美元（五年的每股盈利分别为 0.65 美元、0.85 美元、1.10美元、1.43 美元和 1.86 美元，见表 15-4）。

如前文所述，甲骨文的股价需要在 5 年内达到 107.17 美元才能超越美国国债。这意味着，到 2005 年甲骨文要达到 58 倍市盈率（107.17 美元除以 1.86美元）才能和国债的收益持平。这就是问题所在，甲骨文要想跑赢债券收益，

注：①I/B/E/S 对未来12个月盈利预测与标准普尔500指数的比值。

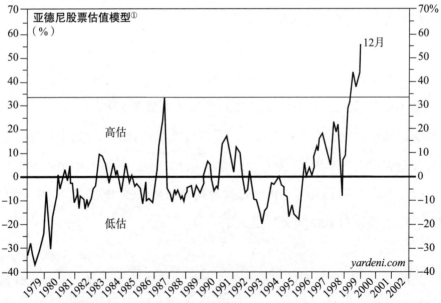

注：①I/B/E/S 对未来12个月盈利预测与标准普尔500 指数的比值除以10年期政府债券
收益率减100。

图 15-1 亚德尼股票估值模型

就必须在未来 5 年内持续保持高估值。为了获得预期收益，投资者只能寄希望于不断有人击鼓传花，抬高股价（也就是傻瓜理论）。

当然，甲骨文的股价有可能在第一年就涨到 107.17 美元，这会给投资者带来即时的满足感，但到了第五年，甲骨文的股价很可能会下跌。没有一支股票能够长时间保持如此高的市赢率。

表 15-4　　　　　　　　　　　　甲骨文盈利率一览

年份	每股收益（美元）	82 美元时的票息收益（%）
2001	0.65	0.8
2002	0.85	1.0
2003	1.10	1.3
2004	1.43	1.7
2005	1.86	2.3
2005 年的对应价格：		
30 倍市盈率	55.80	
40 倍市盈率	74.40	
50 倍市盈率	93.00	
60 倍市盈率	111.60	

如果投资者打算持有五年甲骨文股票，就要以低于 82 美元的股价买入，以免承担过高的下跌风险。如果五年后甲骨文回归至 30 倍市盈率（这是一个合理的假设），那么在五年后甲骨文的股价将仅为 55.80 美元。甲骨文的收益不仅无法超过国债，还会让投资者损失 32% 的本金。

How
to Pick Stocks
Like Warren
Buffet

第四部分
避免损失

第 16 章

避免损失的好处

从后视镜来看，巴菲特获得如此杰出的业绩似乎并不难。任何一个人，只要具备一定的耐心、数学常识并且勤勉选股，都可以取得巴菲特那样的业绩。事实上，通过梳理记录巴菲特职业生涯中的 1000 多篇文章，我们会发现他取得的大部分成就都是基于常识的。

巴菲特承认自己有一定的数学天赋，这让他能够发现外部信息中的相关性，但是他的投资方法浅显易懂，任何有金融基础的人都能掌握。比如，股价只有资产负债表账面价值一半的股票，或者能给投资者带来 50% 回报率的股票，还有市盈率为 12 倍的可口可乐，或是其他优先股，这些股票就像基拉韦厄火山喷发出的熔岩，等待华尔街的投资者发现它们。

毫无疑问，回顾过去，每一位伟大投资者的动机、策略和结果都是非常清晰的。回看彼得·林奇管理麦哲伦基金（Magellan Fund）的辉煌岁月，似乎也没有那么不可思议。他和我们一样，只是买卖普通股，甚至有很多股票你也买过。那么，为什么林奇的业绩会这么好呢？

我们往往会忽视这样一个事实：像林奇和巴菲特这样的投资者，他们的成功来自几十年来所做出的上千个决策，有些决策是临时做出的，但是大多数都是正确的。人们总想探究巴菲特致富的捷径，只看到他从 100 美元起家，最终积累了 300 亿美元的故事，反而忽略了他日常经历的重大转折。然而，正是这些转折点成就了巴菲特的传奇业绩。"如果巴菲特和其他人看的东西都一样，他就不会如此成功了。"《福布斯》杂志曾经写道。

一个普通投资者如果把钱分散在一篮子股票上，或许能够获得 10%～12% 的收益率，这是众所周知的陈词滥调。同样的投资者，如果关注巴菲特持有的可口可乐、吉列、大都会、富国银行等股票，就有可能每年多赚几个百分点。这些股票长期能够跑赢大盘，是因为它们的盈利增速高于平均水平。精明的职业投资者如果专注于巴菲特式的股票，并能以较低的股价买入这些股票，那么回报率还能进一步上升。但是，即便他们这样做，依然无法赶上巴菲特在 20 世纪 50 年代至 90 年代所获得的 33% 的复合收益率。

避免损失的动力之源

巴菲特曾用两句简单的俏皮话概括了成功投资的本质：

- 第一条：不要损失本金；
- 第二条：记住第一条。

造成损失的主要原因有三个：

- 投资者承担了很大的风险，面临较高的损失概率；

- 投资标的跑不赢通货膨胀和利率；

- 持有时间不够长，无法体现真正的内在价值。

投资者避免阶段性损失的方法不多，最好的办法就是全仓投资债券并持有至到期。当然，通货膨胀会侵蚀债券的收益，如果在持有期间债券利率上升，那么债券的内在价值就会下降，票息可能无法弥补通货膨胀的损失。

为了减少损失，投资者要尽量少犯错误，犯错越少，长期回报就越好。计算结果已经表明，年收益率增加几个百分点就能获得丰厚的额外回报。只要超过市场平均 11% 收益率的两个百分点，随着时间的推移，投资者就能获得数十万美元的额外收益。

如果能避免损失，同样可以带来额外的收益。即使投资者只亏损一年，也会降低投资组合的最终价值。投资者还要浪费宝贵的时间去弥补亏损。同时，这样还会影响复利的作用。

考虑三个投资组合 A、B 和 C，每个投资组合在 30 年内平均每年增长 10%。然而，投资组合 B 在第 10 年、第 20 年和第 30 年获得零收益。投资组合 C 在第 10 年、第 20 年和第 30 年遭受 10% 的损失。投资组合 A 的 10 000 美元将在第 30 年获得 174 494 美元的回报。由于三年盈亏平衡，投资组合 B 的回报会低一些，达到 131 100 美元（见表 16–1）。虽然投资组合 B 从未亏损，但由于有三个平庸的年份，收益会远远落后于投资组合 A。投资组合 B 的回报并不是那么糟糕，因为投资者每年都在设法避免亏损。

表 16–1　　　　　　　　　　　　　　规避损失的效果

投资组合 A①			投资组合 B②			投资组合 C③		
年份	收益率（%）	投资组合（美元）	年份	收益率（%）	投资组合（美元）	年份	收益率（%）	投资组合（美元）
		10 000			**10 000**			**10 000**
1	10	11 000	1	10	11 000	1	10	11 000
2	10	12 100	2	10	12 100	2	10	12 100
3	10	13 310	3	10	13 310	3	10	13 310
4	10	14 641	4	10	14 641	4	10	14 641
5	10	16 105	5	10	16 105	5	10	16 105
10	10	25 937	**10**	**0**	**23 579**	**10**	**−10**	**21 222**
15	10	41 772	15	10	37 975	15	10	34 177
20	10	67 275	**20**	**0**	**55 599**	**20**	**−10**	**45 035**
25	10	108 347	25	10	89 543	25	10	72 530
30	10	**174 490**	30	**0**	131 100	30	**−10**	95 572

注：①投资组合 A 每年获利 10%；

　　②投资组合 B 第 10、20、30 年收益为 0；

　　③投资组合 C 第 10、20、30 年亏损 10%。

相比之下，投资组合 C 在第 10 年、第 20 年和第 30 年损失了 10%。这三个年份的亏损，使得投资组合的最终价值减少了近 79 000 美元，这就是复利的作用。第 10 年的实际损失仅为 2357 美元，第 20 年的损失仅为 5004 美元，最后一年的损失为 10 619 美元，但复利的力量却将合计损失的 17 980 美元变成了 79 000 美元。

输家的游戏

令人遗憾的是，与大部分期权、期货和大宗商品交易者一样，大多数日内交易者最终都会赔钱。研究表明，长期回报与持股时间和股票买入价格有直接的关系。频繁交易和漠视基本面风险，都会导致短线投资业绩不佳。这些投资者非常努力地参与"零和"游戏，在不知不觉中取得了泯然众人的投资回报。随着时间的推移，他们可能将实现盈亏平衡，此外还要缴纳税收、佣金和交易商差价。

分析师兼作家查尔斯·埃利斯 1975 年在《金融分析师杂志》（*Financial Analysts Journal*）上发表的一篇文章中，将投资称为"输家游戏"。他预见到在投资领域，特别是投资机构，最终会演变成一场以量能为基础的比赛，成千上万的人会争先恐后地抢购股票。一场参与者众多的比赛，所有人都以同样的方式看待信息，就会犯"非受迫性错误"。

埃利斯用一个公式巧妙地总结了他的发现，该公式表明，那些追求超越市场收益的努力如何导致更低的收益。为了战胜市场，基金经理首先必须击败同行，这就迫使他们频繁地参与短期交易，也注定了他们会惨淡收场。

埃利斯得出的结论是，最成功的投资者不是那些最聪明的人，也不是那些拥有百万美元研究预算的人，更不是那些在一只股票上获得 1000% 收益的幸运者；相反，他们是那些投资生涯中犯错最少的人。

积极的投资者能够战胜市场往往基于两个假设：（1）股票市场提供的流动性是一种优势；（2）机构投资是一种赢家游戏。我的论点与此不甚相同，我认为，过去 10 年的变化已经让这两个假设不再成立。相反，市场流动性是一种负债而非资产，长期而言，机构投资者将表现不佳，因为资金管理已经变成了输家的游戏。

高尔夫运动就是输家游戏的典型代表。高尔夫球手协会锦标赛的冠军不一定是击球最远的选手，也不一定是最好的推杆手，甚至不是最先完成比赛的人。获胜者是在四轮比赛中失误最少的那个人。这就是高尔夫与足球或曲棍球等大多数接触式运动的区别。在接触式运动中，甚至在网球运动中，比赛结果是由胜利者决定的，他们可以凭借技巧和力量获得最高的分数。

在高尔夫比赛中，输家决定了比赛结果。泰格·伍兹（Tiger Woods）能够赢得比赛，主要是因为他在比赛中犯的错误更少。保龄球比赛也类似，每位参赛者的满分为 300 分，未被击倒的瓶子越多，失分越多。比赛的最终结果是由输家决定的。

如果你了解输家游戏的规则，就向成功迈出了关键的一步。沃伦·巴菲特之所以位列金融界榜首，就是因为他在 40 年的投资生涯中犯错最少。他承认，他最常犯的错误是"疏忽"，也就是他错过了许多潜力股和最佳的卖出时机。这两个错误只会让巴菲特失去机会，但是并不会导致亏损。

如果我调查 1000 名投资者，请他们列出成功的五大原则，他们的答案会与巴菲特完全不同。他们可能会说：

原则 1：从长远角度看问题；

原则 2：持续追加资金，发挥复利的作用；

原则 3：不要择时；

原则 4：长期持有熟悉的公司股票；

原则 5：分散持仓。

我敢说，很少有投资者会想到巴菲特的"不要赔钱"的原则。可悲的是，一些投资者不相信会发生亏损，他们已经习惯于 1987 年以来的大牛市。过去几年共同基金的调查表明，大部分个人投资者不相信共同基金是会赔钱的，也不相信市场会下跌 10%。还有投资者认为亏损是暂时的，可以趁机加仓。还有一些人则采取心理防御机制，通过违背原则来避免损失。他们通过抓阄进行决策，以减轻亏损带来的失落。

避免损失是投资者长期获益的基石。所有投资者（包括巴菲特），都无法避免在个股上的阶段性亏损，即使买入价很低，也难免出现错误。巴菲特与其他人的区别在于，他有能力避免整个投资组合的年度亏损。

单靠分散投资是无法避免损失的。分散投资只能尽量减少因少数股票暴雷而拖累整个投资组合的情况发生。即使投资者持有 100 只股票，也摆脱不了"市场风险"，当全市场萎靡不振时，所有股票都会下跌。

大多数投资者把市场看作规避风险的港湾。当一只股票跌破盈亏平衡点时，无论基本面如何，它们都会选择卖出。《投资者商报》（*Investor's Business Daily*）在 20 世纪 90 年代大肆吹捧一种策略，即无论市场情况如何，只要一只股票跌幅超过 8% 且低于买入价，投资者就应该抛售止损。人们都跟着股票的方向进行短期押注，并准备在市场出现逆转时迅速退出。

这些策略实际上似乎是一种赌博，因为投资者的持有期太短，胜率就会降低。还有投资者则通过长期持有手中的垃圾股来避免损失，有时会持续数年，直到出现反弹。但是这种做法是寄希望于市场能够出现反弹。沃伦·巴菲特从不指望这些，他用锁定年收益的方法将市场因素排除在外。他认为只要能够保证得到预期回报，即使市场走势很糟糕，最终收益也将领先于市场。

第 17 章和第 18 章将重点介绍巴菲特规避损失的策略。

第 17 章

避免损失：市场时机、可转换债券和期权

关注市场动向

巴菲特反复说，他不关心市场波动，道琼斯工业指数单日上涨 300 点还是下跌 300 点，对他来说并不重要。他不在乎短期的利率升降，也不在乎投资组合某天缩水两亿美元（顺便说一句，这在 1999 年是经常会发生的事情）。"市场只是一个参考，看看是否有人愿意做蠢事，"他在 1988 年说过，"我们在投资股票时，投资的是商业。"

然而，无论是因为运气还是深思熟虑，巴菲特都被公认为是历史上最精明的市场择时者。他能敏锐地感知市场风险，也能在别人恐惧时发现良机，这让他区别于乔治·索罗斯或迈克尔·斯坦哈特（Michael Steinhardt）这些传奇人物，也促成他的投资组合很少出现年度亏损。巴菲特善于选股的能力人尽皆知，但是他卓越的择时能力却鲜为人知。当巴菲特开始谈论市场走向时，一定要认真倾听。

市场择时和韦恩·格雷茨基（Wayne Gretzsky）打冰球的方法类似——不要盯着冰球现在的位置，而要看球运动的方向。20 世纪的伟大投资者都有发掘被低估的股票的本能，同时他们也都有前瞻性。当经济衰退时，他们能

够发现复苏的机会；当经济过热时，他们能提前发现经济放缓的风险。即使华尔街并不看好某个行业或某只股票，他们也能找到行业发展的催化剂。他们不会等到经济降温时再行动，而是会先于其他人卖出股票。

巴菲特多年来的成功既是因为他买到的股票，同样也要归功于他的卖出时机。就如他买入并持有可口可乐、吉列的股票一样，专栏作家兼纽约蒂尔森资本（Tilson Capital）合伙人惠特尼·蒂尔森（Whitney Tilson）提到，巴菲特在职业生涯中至少有四次准确的择时，都为他带来了丰厚的回报。

择时 1：在 20 世纪 70 年代初的熊市之前卖掉股票

从 1968 年开始，巴菲特开始担心股价。在 20 世纪 60 年代股市接近顶峰时，他就感觉到了一种迫在眉睫的危险。由于找不到价格合理的优质股票，巴菲特于 1969 年关闭了合伙投资公司，承认他那种勤奋研究的选股方式已经不再适合这种充斥着短线投资的市场了。"那些击鼓传花的人都赚了很多钱，"他在给客户的信中写道，"这个游戏留给那些自我催眠和愤世嫉俗者去玩吧。""我相信，这个时期的股票市场和商业如果被写进历史，是有重大意义的。"巴菲特难以接受这种狂热的定价，也不能接受价值导向的基金经理在一片短线交易的海洋里无所适从的现实，于是他进行了清算，把大部分个人财产投入到了伯克希尔·哈撒韦公司的股票上，在将近五年的时间里没有从事投资业务。当美国人经历了 1929 年至 1933 年大萧条以来最残酷的熊市时，巴菲特一直站在场外冷眼旁观。

择时 2：1974 年开始做多

股市见顶五年后，大多数美国人已经对股市感到绝望了，一般的投资组合平均下跌 40% 以上。在 1973—1974 年，那些持有大量蓝筹股（如施乐、迪士尼、IBM、通用汽车等）的投资者的投资组合下跌超过了 60%。被套牢的投资者心灰意冷，其中一些人还在等待反弹，但是在彻底失望之后也只能割肉放弃。其他人看到股市每天都在下跌，也加入了抛售行列，引发了恶性循环：抛售导致更多的抛售。

到 1974 年底，几乎没有投资者愿意进入市场了。但是，巴菲特在五年之后看到了机会。他手握大量资金，一头扎进市场，横扫那些绝对低估的股票。这时的巴菲特就像一个走进糖果店的男孩。事实证明，任何一个投资者在 1974 年进入股市，都能在两年之内获得不低于 74% 的回报率。

择时 3：20 世纪 80 年代的机遇

到 1979 年，道琼斯工业指数比 1964 年的还低，15 年来没有一点上涨。人们的悲观情绪达到了顶点。市场分析师表示，投资者开始把资金转向债券、房地产或贵金属领域。经纪人发现，即使股息率达到 15% 的股票也无人问津。当时的市场分析师纷纷表示，市场未来会更惨淡，呼吁投资者不要买入股票，而是去买债券。巴菲特的看法则完全不同。他认为，美国的经济前景依然光明，而优质蓝筹股正在被抛弃，很多蓝筹股的估价已经低于账面价值。并且，公司的资本回报率也在稳定增长，蓝筹股的盈利也以两位数的增速增长，20世纪 60 年代末的投资氛围也已经消失。

"当前的股票比债券能够创造更高的长期回报，"他对股东们说，"然而，基金经理们不得不听命于他们的委托人，把钱投到债券上。同时，用很少的钱买入股票。"巴菲特是正确的，正如蒂尔森指出的，自巴菲特发表上述言论之后，股票市场的年回报率达到了 17.2%，而同期的债券收益率仅为 9.6%。

择时 4：躲开 1987 年的崩盘

到了 20 世纪 80 年代中期，巴菲特买入并持有的投资策略已经深入人心。他斥巨资买入了最喜欢的三家公司，即 GEICO、《华盛顿邮报》和大都会通信公司 / 美国广播公司（后来与迪士尼合并）的股票，并承诺永不减持。他对其他股票并没有如此青睐。在 1986 年伯克希尔·哈撒韦公司的年会上，巴菲特哀叹自己找不到合适的低价成长股。考虑到巴菲特持有的股票已经创造了数千万美元的盈利，他宁愿保持当前的分红并减少投资规模，也不去做短线投资稀释投资组合。

1987 年股市崩盘之前的 5 个月，巴菲特告诉股东："我已经找不到任何便宜的股票了，当前没有合适的投资标的，即使股价下跌 10%，也不值得买入。"

回顾这段话，巴菲特关于下跌 10% 的说法也是保守的。在此番表述发表五个月后，股市在一日之内下跌了 30%。巴菲特在股市崩盘之前就逐步减少了投资，从而使伯克希尔·哈撒韦公司的投资组合并未受到太大的影响。从表 17-1 可以看出，20 世纪 80 年代，巴菲特雄心勃勃地进入一个被严重低估的市场。随着市场不断上涨，保守投资让巴菲特获益良多。到了 1987 年，他只持有三只股票。当下一个 10 年开始的时候，巴菲特已经持有了 18 家公司的大量股票。

表 17-1　　　　　　　20 世纪 80 年代巴菲特的投资组合变化

	1980	1981	1982	1983	1984	1985	1986	1987
联合出版	×	×	×	×	×	×	×	
阿尔科阿	×	×						
阿卡塔			×					
碧翠公司						×		
美国广播公司					×	×	×	×
克利夫兰 – 克里夫斯	×	×						
卡拉姆福斯特公司			×					
埃克森公司					×			
美国通用运输		×						
盖可保险	×	×	×	×	×	×	×	×
通用食品	×	×	×	×	×			
汉迪哈曼公司	×	×	×	×	×	×	×	
埃培智集团	×	×	×	×	×			
凯撒铝业	×							
利尔·西格勒							×	
通用传媒	×	×	×	×				
底特律国家银行	×							
全国学生营销公司	×							
西北工业					×			
奥美公司	×	×	×	×				
平克顿安保公司	×	×						
雷诺兹烟草公司	×	×	×					
西弗科保险公司	×	×						
时代周刊			×	×	×	×		

续前表

	1980	1981	1982	1983	1984	1985	1986	1987
时代镜报	×							
华盛顿邮报	×	×	×	×	×	×	×	×
伍尔沃斯	×							
披露的股票	**18**	**15**	**11**	**10**	**10**	**7**	**6**	**3**

巴菲特并没有什么神奇的魔法去评估市场何时被高估或被低估，他的决策都是基于常识的。

股票收益率和债券收益率之间的关系。回想一下第 15 章，巴菲特青睐那些长期收益超过债券的股票。当债券收益率上升，甚至超过股票收益率时，市场通常被高估。当股票下跌至收益率（市盈率的倒数）高于债券收益率时，就是具有吸引力之时。

市场的上涨速度。历史表明，从市场的上涨速度来看，股票市场在很长一段时间内都无法超越经济增速。也就是说，投资者不能指望公司的收入、盈利和股价的上涨速度超过经济增速。如果股价的上涨速度是经济增速的四倍，那么市场必定会在某个时候出现下跌。相反，如果股价在经济飙升的时期下跌，那么就有可能被低估。

市盈率。1982 年，标准普尔 500 指数的市盈率仅为 7（即美国人愿意为公司的 1 美元盈利支付 7 美元）。到 1999 年年中，美国人愿意为公司的 1 美元盈利支付 34 美元，这是为什么呢？利率的降低是市盈率上升的一个原因。利率下降使得投资者的每一美元的投资价值更高。

盈利能力的提升也在一定程度上解释了市盈率的上升。到 20 世纪 90 年代末，公司的股本和资产回报率达到了多年来的最高水平。毫无疑问，一美元意味着更高的价值。

然而，股价上涨主要还是因为情绪——投资者一味哄抬股价，而不去考虑价值。鉴于利率和公司盈利能力的变化，当市盈率的上升超过预期时，投资者就必须警惕市场可能出现的修正。

经济状况。当经济全速运转，增长率攀升至高峰时，投资者就应该考虑是否降低股票的持仓，并寻找替代方案。同样，在经济困难时期，根据巴菲特在第 12 章中提出的 15% 原则，股价通常会跌到很低的水平，反而提供较高的回报率，投资者可以轻易判断出该只股票是否值得持有。通常的做法是，在经济衰退时买入（当市盈率最低时），在经济见顶时卖出（当市盈率最高时）。

整体大势。由于巴菲特总是长期持有一只股票，因此他会在买入之前全面考察公司、行业和整个市场的情况。他不会因公司盈利能力的短期变化而调仓，也不会寄希望于华尔街对某个行业的追捧使股价上涨而获利。相反，他会评估经济和市场的长期基本面是否能够支撑更高的股价。如果一只股票的回报率未能实现他的预期，他就会倾向于卖掉股票或者不再买入。如表 17–1 所示，巴菲特更倾向于充分利用经济周期。在经济衰退时，几乎所有行业都会受到不利影响，于是巴菲特就能轻松买入大量股票，因为他坚信这些股票的盈利能力会持续改善。当经济达到顶峰时，卖出股票就是一种谨慎的做法。

可转换债券

巴菲特在 20 世纪八九十年代最赚钱的投资就是可转债。这是一种混合证券，同时具有股票和债券或优先股的特征。从 1987 年开始，巴菲特公开做了五笔可转换证券的投资：1987 年的所罗门兄弟公司（Salomon Brothers）、1989 年的吉列公司、1989 年的冠军国际公司（Champion International）、1989 年的美国航空集团和 1991 年的美国运通公司。这五笔可转换证券合计赚了 50 亿美元，这使他进一步增持了其中三家公司的股份。目前，他仍然持有吉列和美国运通的普通股，并利用所罗门兄弟公司的投资收益买入了旅行者集团（Travelers Group）和花旗集团的大量股份。

买入吉列发行的可转换债券就能获得固定的收益，就像债券一样，但投资者有权将债券转换为一定数量的普通股。尽管可转债的价格通常比普通股高 15%～25%，并且票面利率低于现行的债券利率，但是这个转换功能依然是吸引投资者的闪光点。比如，投资者投资 1000 美元买入 XYZ 公司的可转债，那么投资者有权将其转换为 20 股 XYZ 的股票（转换价格为每股 50 美元）。XYZ 的股价是 40 美元，用 40 美元乘以 20，得到 800 美元，因此溢价为 200 美元，但收益部分（包括债券息票）弥补了这个溢价。

可转换债券可以让投资者在股价上涨时获得不错的回报。如果 XYZ 的股票涨到 50 美元以上，则可转换债券被称为"价内"（每股 50 美元 × 20 股 = 1000 美元）。普通股每上涨一美元，可转换债券的价值就会增加一美元。投资者可以选择换股卖出获得收益，也可以选择换股持有股票，还可以继续持有可转换债券积累收益。由于可转债有债券的属性，因此可转债的跌幅不应超过普通股。从理论上讲，无论普通股如何下跌（除非公司遇到困难），可转债都不会跌破公司的账面价值。

当股息和股票升值潜力相结合提供了超越市场的回报时，巴菲特就会投资可转换债券。他在 1989 年的年报中写道："不管什么时候，我都希望这些可转债能够连本带利地回报我们。同时，我们还将保持灵活性，不会因此错过其他好机会。伯克希尔·哈撒韦公司发行优先股要取得最佳结果，只能依靠所投资普通股的良好表现。"

所罗门兄弟公司

20 世纪 80 年代中期，公司并购浪潮全面展开，同时股市出现飙升，导致巴菲特的新投资获利有限。如表 17–1 所示，到 1987 年，巴菲特已转向防御，只进行了几笔很有把握的小规模投资，同时卖掉了伯克希尔·哈撒韦公司投资组合中的大部分股票。对于投资者来说，并购既不可预测，又是一个潜在的盈利机会。许多蓝筹股的股价被哄抬，以反映其被收购的价值，但是这影响了这些公司的潜在回报率。而且，并购价格往往存在巨大的溢价，一旦交割完成，投资者会面临巨大的下跌风险。

巴菲特对付这种情况的方式是扮演"白衣骑士"：他帮助一批经过挑选的公司挫败恶意收购。巴菲特认为，他可以从这些公司获得高回报率（市场不再承诺）的可转换债券，这给了他一个安全垫——丰厚的票息，使他可以免受股价下跌的影响。

1987 年股市崩盘前一个月，巴菲特宣布他买入了投资银行和经纪公司所罗门兄弟新发行的 7 亿美元可转换优先股，这令股东们感到震惊。所罗门兄弟后来并入旅行者集团，再后来又成为花旗集团的一部分（由于旅行者和花旗集团合并）。

收购时，所罗门兄弟的股价为 32 美元，可以每股 38 美元的价格转换为 1840 万股普通股。一旦所罗门兄弟的股价涨到 38 美元，巴菲特就可以获得账面利润。与此同时，优先股的股息为 9%（7 亿美元投资可获得 6300 万美元的优先股股息）。

巴菲特认为，所罗门兄弟能够创造足够的收益和回报，是一个能够获利的投资机会，风险很小。正如传记作家小罗伯特·哈格斯特罗姆所写，所罗门兄弟的股票在 1986 年达到了 59 美元的峰值。如果该股票能在三年内再次涨到这个价格，巴菲特的回报率（假设他转股）将是 88%。如果所罗门兄弟的股价到 1992 年才涨到 59 美元，巴菲特仍然可以获得 17.6% 的年化回报率。如果巴菲特不换股，所罗门兄弟可以从 1995 年开始的五年内赎回优先股。

巴菲特买入时，所罗门兄弟正在阻止露华浓（Revlon）董事长罗纳德·佩雷尔曼（Ronald Perelman）的恶意收购，后者也有意收购吉列。佩雷尔曼一直想从奥本海默家族获得所罗门兄弟的股份。奥本海默家族的南非矿业公司持有所罗门兄弟 14% 的股份。当巴菲特买入可转换优先股的消息传出后，佩雷尔曼放弃了他的收购计划，所罗门兄弟随后回购了南非矿业公司持有的股份。

从所罗门兄弟的角度来看，一切都很顺利。但巴菲特的做法却令人有些费解。这是他迄今为止最大的一笔投资，他把伯克希尔·哈撒韦公司的资金押在了一个他自己始终都在回避的行业（投资银行业）上。巴菲特似乎屏住了呼吸，只关注这笔交易的收益。在没有其他合适的投资标的时，这笔具有稳健回报率的投资足以跑赢市场。

就在巴菲特买入的一个月之后，股市出现暴跌，所罗门兄弟的股价跌到了 16 美元。也许是巴菲特预见到了危机即将来临，如果他当时买入的是所罗门兄弟的普通股，那么此时已经腰斩。事实上，所罗门兄弟的股票在四年后才恢复到巴菲特 32 美元的买入价。即使每年获得 6300 万美元的优先股股息，这个价位的可转换优先股价值依然不大。

巴菲特的巨额赌注还要再过几年才能兑现。1991 年 8 月，当普通股反弹至 38 美元的转股价格时，所罗门兄弟承认参与了非法的债券交易活动（它几乎垄断了一次两年期国债的拍卖）。高级管理人员明知存在违法行为，但在美国联邦政府调查开始之前并没有向监管部门进行汇报。这些高管被迫辞职，所罗门兄弟的股价暴跌，巴菲特被请求介入并担任临时主席。

这是巴菲特最困难的时期，他不得不解雇高管，削减成本，恢复信誉和盈利能力，处理外界对所罗门兄弟提起的无数诉讼，应对美国联邦政府对债券交易活动的调查，并说服美国国会允许所罗门兄弟继续参与国债交易，否则所罗门兄弟将会破产。

巴菲特于 1992 年 6 月辞去临时主席职务，此时所罗门兄弟同意向美国联邦政府支付 2.9 亿美元的和解金。直到 1993 年，也就是巴菲特买入可转换优先股的 6 年后，所罗门兄弟的股票才涨回至 38 美元的转股价格，巴菲特的投资终于见到回报了。为了提振信心，巴菲特从 1993 年开始买入所罗门兄弟的普通股，并最终持有超过 20% 的股份（包括普通股和优先股）。

1995 年，巴菲特兑现了 20% 的优先股，1996 年又将另外 20% 的优先股转换为普通股。同年晚些时候，伯克希尔·哈撒韦公司发行了 44 亿美元的可转换证券，允许投资者将伯克希尔·哈撒韦公司的可转换证券转换为所罗门兄弟的普通股。1997 年，巴菲特将所罗门兄弟的股票换成了旅行者集团的股票。

吉列公司

巴菲特早在几十年前就对剃刀王吉列公司感兴趣了。到了 20 世纪 80 年代，巴菲特对吉列公司的兴趣最高，那时吉列公司正在面临恶意收购。对吉列来说，科尼斯顿（Coniston Partners）的出价给了公司沉重一击。在回购 1900 万股股票后，吉列公司才没有易主。此次回购的资金是通过发债得来的，再加上此前的债务，给公司造成了沉重的负担。

巴菲特认为，只要吉列能够保持独立，就有机会从吉列的转机中获利。他需要确保吉列不会落入恶意收购者之手。1989 年 7 月，他向吉列公司注资 6 亿美元。作为回报，吉列公司向他定向发行可转换优先股，股息率为 8.75%。这笔投资可以每股 50 美元转换成 1200 万股普通股，这比现行的股价高出

20%。巴菲特在两年内不得换股，但吉列公司可以在普通股上涨至 62.50 美元时要求巴菲特强制换股。

从表面看，这笔交易保护了吉列公司免于被收购，但是实际上巴菲特得到的好处更多。吉列公司用 6 亿美元偿还了债务，而巴菲特则获得了一笔高收益投资，能够抵御股价下跌的影响。优先股的股票属性，让巴菲特能够享受普通股上涨的好处。此外，巴菲特还获得了一个吉列公司董事会的席位，并持有这家前景光明的公司 11% 的股份。

事实上，这笔交易符合巴菲特的预期。在推出传感器系列剃须刀后，吉列的盈利能力开始猛增，公司收入从 1989 年的 38 亿美元跃升至 1994 年的 61 亿美元。1990—1991 年的经济衰退暂时压低了吉列公司的股价，但到了 1991 年 2 月，其股价达到了 73 美元，远高于 62.50 美元的转股底线，吉列要求巴菲特进行换股。巴菲特在不到两年的时间里，获得了 2.75 亿美元的账面利润（不包括股息）。他始终持有最初的 1200 万股普通股，这些普通股后来经过三次拆分，变为 9600 万股。

美国运通公司

1991 年 8 月，巴菲特投资 3 亿美元买入信用卡巨头美国运通的可转换证券。当时美国运通刚刚走出低谷，业绩不佳，全靠信用卡业务的收益支撑公司运营。巴菲特很清楚美国运通需要现金，双方很快达成了一项协议，既有利于美国运通的发展，也给伯克希尔·哈撒韦公司带来了可观的收益。

巴菲特买入的不是所罗门兄弟和吉列那样典型的可转换优先股。这次买入的证券每年派发 8.85% 的股息（2655 万美元），并根据美国运通的决定，以赎回普通股的价值为基础，转换成美国运通的普通股。交易完成时，美国运通的股价为 25 美元。巴菲特的证券可以换成 12 244 898 股普通股（转股价格为每股 24.50 美元）。三年内，如果普通股的价格低于 24.50 美元，巴菲特可以将转股期再延长一年。如果美国运通的股价跌至 18 美元，巴菲特仍将获得 12 244 898 股普通股，这将让巴菲特亏本。如果普通股的价格上涨到 37.53 美元，美国运通有权赎回可转换证券。

本质上，这种方式可以锁定 1～3 年的增值潜力，并在强制转股之前获得 8000 万美元的股息。巴菲特认为，美国运通很有潜力，8.85% 的股息优于当时的债券收益率，并且伯克希尔·哈撒韦公司 70% 的股息都可以免税。

巴菲特在 1994 年如期换股，并利用市场疲软的时机增持了美国运通的普通股。到 1995 年第一季度，他已经持有 4800 万股，占美国运通股本的 9.8%。美国运通成为巴菲特在 20 世纪 90 年代最赚钱的投资之一。到 20 世纪 90 年代末，他的股份（后来又购买了 200 万股）价值 84 亿美元。

巴菲特在 1997 年的年度报告中写道："由于你们的董事长把运气和技巧结合在了一起——10% 的运气，也叫平衡技巧，实现了可观的利润。"事实上，巴菲特在 1994 年转股时准备卖出全部的股份，但亨氏公司（Hertz）首席执行官弗兰克·奥尔森（Frank Olson）在一场高尔夫球比赛中，劝他放弃了这个计划。

期权

巴菲特曾多次表示，期货和期权等衍生品毫无价值。由于衍生品是对市场短期价格变动进行押注，因此属于"赌博"而非"投资"。例如，看跌期权或看涨期权的投资者是对股票的短期方向进行押注，通过杠杆放大收益。

又如，美国在线的股价为 50 美元，如果投资者认为这个价格即将上涨，那么他买入行权价为 50 美元的看涨期权，无论股价如何变动，他都有权以每股 50 美元的价格从卖方手里买入美国在线的股票。假设权利金是 5 美元，他的费用就是 500 美元（每份合约可以买 100 股）。在期权到期之前，如果美国在线涨到 55 美元（50 美元行权价加上权利金 5 美元），这笔交易就能赚钱。如果股价涨到 60 美元，期权价值将变为 10 美元（60 美元减去 50 美元行权价），即投资者本金的两倍。如果股价涨到 70 美元，期权价值将变为 20 美元。也就是说，只要股价上涨 16.6%，期权价值就能翻一番。

看跌期权的投资者的做法正好相反。看跌期权的买方不是为了买入股票，而是希望能以提前锁定的价格在日后卖出股票。投资者将为获得卖出股票的权力支付权利金，如果股票的跌幅够大，投资者将会获利。

如果巴菲特真的涉足期权交易，相信他也能成功。事实上，他曾经参与过期权交易。他曾承认卖出过可口可乐的看跌期权，当时他正考虑增持可口可乐的股份。那是在 1993 年 4 月，当时可口可乐的股价徘徊在每股 39 美元（拆分前），巴菲特打算再增持几百万股可口可乐（他已经持有 9340 万股），但是担心公司的重组风险会影响股价。最终他以 35 美元的行权价卖出了 500 万股的看跌期权，获得了 750 万美元的权利金（每份期权的权利金为 1.50 美元）。

通过期权交易，巴菲特试图以低价获得更多的可口可乐股份，并在这个过程中获得权利金用来支付其他成本，结果成功了。如果可口可乐在期权到期前出现暴跌，买方将把 500 万股可口可乐的股票"卖给"巴菲特，价格为每股 33.50 美元（35 美元的行权价减去 1.50 美元的权利金）。这正是巴菲特期望的结果，即在低位增持股票。

但是，如果可口可乐的股价上涨，买方会放弃行权，从而导致期权失效。这样的话，不会有股票进行交割，但是巴菲特能够将 750 万美元的权利金收入囊中，事实也正是如此。可口可乐最终上涨超过了巴菲特的预期价位，他没有买到股票，但是带着 750 万美元离场，并且没有为可口可乐的股票支付溢价。

巴菲特又等了一年，才等到增持可口可乐股份的机会。1994 年，他将持有 9340 万股增加到 1 亿股，1996 年拆分变为 2 亿股。尽管巴菲特多次参与期权交易，但这次是媒体唯一捕捉到信息的。巴菲特很可能在买入股票之前卖出看跌期权锁定买入价格，并且获得权利金。从数学的角度讲，对于巴菲特这样的价值猎手来说，通过期权的方式增持可口可乐是一种双赢。如果巴菲特以这种方式买入新的股票，大家不需要感到惊讶。

第18章

巴菲特的秘密武器：套利

巴菲特早期的投资生涯较为隐秘，也没有媒体关注他。很少有人知道，为什么这位来自奥马哈的幽默年轻人能够屡屡击败道琼斯指数。当然，巴菲特在格雷厄姆投资学院的同学都知道市场是可以击败的，不仅格雷厄姆是这样教的，他的学生也都用实践证明了这一点。但是，大多数投资者都遵循着商学院的"有效市场"理论，因此都认为巴菲特的成功纯粹是源于偶然。他们似乎希望这个内布拉斯加的神童能够惨淡收场，以此证明市场的有效性。

但是，他们失望了。巴菲特不仅持续跑赢了市场，而且几乎没有发生过年度亏损。第二个成就尤其引人注目。统计数据表明，任何投资者在几十年的时间里，交易上百只股票，面对变幻莫测的市场，出现年度亏损在所难免。无论投资者如何精挑细选，投资组合都难免受到不可控因素的影响。1987年10月19日，道琼斯工业指数暴跌508点，有97%的股票下跌。当然只有千分之一的投资者能在那天赚到钱，也只有十分之一的投资者能在当年赚到钱。

由于市场每4年左右就会大跌一次，投资者可以预期在40年中会有10年亏损。对于业绩超群的投资者来说，或许可以把亏损的年度降至5~6年。而巴菲特的投资记录显示,他已经连续 35 年使伯克希尔·哈撒韦公司的账面价值得到提升。仅有 4 年,伯克希尔·哈撒韦公司的增长没有超过标准普尔 500 指数。这相当于一个高尔夫球手连续 40 年打出规定杆数甚至是更好的成绩。

投资者可以通过以下三种方式获得长期无风险的业绩:

- 买入短期国债并持有到期,从而获得 4%~6% 的年化收益率;
- 专注于房地产投资,买入能够不断上涨的固定资产;
- 买入股票,构建确定性较强的投资组合,降低股价波动的风险。

勿以利小而不为:套利

巴菲特从投资生涯伊始,就广泛运用套利(涉及并购的交易)提升投资组合的业绩。在市场低迷的年份,套利极大地提升了巴菲特的投资业绩,使投资组合在较差的年份中实现了正收益。在市场强劲的时候,巴菲特则利用套利产生的盈利使投资组合超越指数。在 1926—1956 年间,他的导师本杰明·格雷厄姆将套利作为格雷厄姆·纽曼基金的核心投资业务。格雷厄姆告诉客户,他们的大部分资金将用于短期的套利交易。这些短期套利包括重组、清算、可转换债券和优先股的对冲以及并购。

在早期的投资中,格雷厄姆进行过一次典型的套利。1915 年,21 岁的格雷厄姆买入了古根海姆勘探公司(Guggenheim Exploration Company)的股票,股价约为每股 69 美元。这家公司持有肯尼科特(Kennecott)、奇诺铜业（Chino Copper）、美国冶炼（American Smelting）和雷士联合（Ray Consolidated）四家铜矿公司的少数股权，每股价值合计超过 76 美元。因此，从账面上看，投资者只需支付 69 美元就能获得 76 美元的资产。格雷厄姆认为，这种情况不会一直持续下去，古根海姆勘探公司的股票一定能够涨到 76 美元，这将带来每股 7 美元的盈利。

严格来说，套利这个词是指在两个市场同时买入或卖出同一种证券，以获得差价。例如，如果惠普在纽约证券交易所的股价为 80 美元，而在太平洋证券交易所的股价为 82 美元，那么套利者就可以在纽交所买入惠普的股票，在太平洋交易所卖出，盈利 2 美元。问题在于，这样的机会不会持续很久，因为在纽交所买入惠普股票将推高股价，而在太平洋交易所卖出惠普股票将压低股价，使两个市场的股价恢复持平。

并购套利的模式大致类似。实际上，并购套利是在寻找价差，这种价差是并购价相对于股价的溢价。例如，默克公司以每股 85 美元的价格现金收购辉瑞公司，而辉瑞公司的股价为 80 美元，那么投资者在并购之前买入辉瑞公司的股票，持有到交易完成时将股票卖给默克公司，从而获得每股 5 美元的收益，这相当于 80 美元本金的 6.25%。如果辉瑞的股价跌到 80 美元以下，那么投资者的潜在收益会更高。

并购套利的好处在于能够将年化收益最大化，并将风险最小化。公司通常会披露并购交易的进度，这将影响投资者的年化回报率。以默克公司为例，如果并购在投资者买入后的六个月内完成，那么 5 美元的收益相当于 12.9% 的年化收益率。并购交易在四个月内完成，投资者的年化收益率将变为 20%。一旦并购完成，投资者将从默克公司收到现金，可以用于下一笔投资以提高资金使用效率。

如果连着做几笔赚钱的套利交易，就能积少成多，获得丰厚的年收益。如果投资者能在三个月内通过套利赚到 10% 的收益，并将本金和收益进行再投资，那么年度收益率将达到 46.4%（见表 18–1）。

这种机会并不少。华尔街每天都有 10～20 个并购项目，其中就蕴藏着赚大钱的机会。巴菲特很少谈及他的并购交易，只是说在没有好的投资机会时才会进行套利，并且做得很不错。

表 18–1　　　　　　　　一笔套利交易的年收益率（复利）

价差（美元）	交易周期对应收益率（%）			
	1 个月	2 个月	3 个月	6 个月
2	26.8	12.6	8.2	4.0
3	42.6	19.4	12.6	6.1
4	60.1	26.5	17.0	8.2
5	79.6	34.0	21.6	10.3
6	101.2	41.9	26.2	12.4
7	125.2	50.1	31.1	14.5
8	151.8	58.7	36.0	16.6
9	181.3	67.7	41.2	18.8
10	213.8	77.2	46.4	21.0
11	249.8	87.0	51.8	23.2
12	289.6	97.4	57.4	25.4
13	333.5	108.2	63.0	27.7
14	381.8	119.5	68.9	30.0
15	435.0	131.3	74.9	32.3

他在 1998 年的年报中写道："我们把套利交易当作现金的替代。当然，

我们会优先考虑盈利的长期交易，但是我们手中的现金必须充分利用。这时，套利交易的优势就显现出来了，其收益往往高于国债。当然，我们不会因为套利交易降低我们的长期投资标准。当我们谈到套利交易时，查尔斯的结论通常是，这总比我们泡在酒吧要好。"

格雷厄姆在 1926—1956 年间通过套利获得了 20% 的年化回报率，远超道琼斯指数。1988 年，巴菲特对外公布自己的套利回报率远超格雷厄姆。

在 20 世纪五六十年代经营合伙投资基金时，巴菲特就做过数十笔套利交易。他发现小规模套利交易能获得惊人的回报。最重要的是，巴菲特能够通过套利使投资组合免受股市波动的影响。把大量资金投入到套利交易，就不必再担心股市的走势，并且获利颇丰。事实上，当市场低迷时，巴菲特能够通过套利交易保证投资组合不亏损。

在确保客户资金免受损失的情况下，巴菲特把剩余的资金集中投入到少数股票上。1960 年 2 月，巴菲特在给客户的信中写道，他把 35% 的资金投入到某只股票上，其余的钱则投资于套利交易。"只要条件允许，我会继续这种投资，以规避市场风险。"

总的来说，套利交易是巴菲特投资组合中的第二大组成部分。巴菲特很少对外披露自己的套利交易情况，但是他会公开投资规模，并融资进行交易。

我们一直都在进行套利交易，有些项目刚刚开始，有些项目处于收尾阶段。我相信融资进行套利交易对于投资组合来说很有好处，从最终结果来看，这种交易的风险可控。

在 1999 年伯克希尔·哈撒韦公司的年度会议上，有人问巴菲特，如果他以合伙投资基金重新开始自己的投资生涯，是否还能持续跑赢市场。巴菲特说可以，他可以投资小盘股和套利交易。他说："我能想到大约十几个人，包括我自己，让 100 万美元的投资每年赚上 50%。"

巴菲特从数学的角度看待套利交易，考虑到上限和下限，计算"加权期望收益"。巴菲特在 1990 年曾说过："如果事件发生的概率是 90%，上限取值为 3 点；事件不发生的概率是 10%，下限取值为 9 点，那么数学期望是 2.7–0.9=1.8。"

例如，假设仁科公司（PeopleSoft）以每股 20 美元被收购，而其股价为 17 美元，存在折价。按照巴菲特的分析，假设并购的成功率是 90%（赚 3 美元），如果并购失败，则损失 9 美元。加权预期回报率为 1.80 美元［（0.9 × 3 美元）– （0.1 × 9 美元）］。这意味着 17 美元的投资回报率为 10.6%。如果这笔并购需要一年的时间完成，年化收益率就是 10.6%。如果交易在六个月内完成，年化收益率将是 22.3%。

并购套利通常能获得两位数的收益率。1999 年 4 月，环球通信公司希望收购前沿公司（Frontier），以将其电信业务拓展至全美范围。交易完成时，前沿公司的股东将获得每股 62 美元的环球电讯公司的股票。但是，前沿公司的股价波动较大，有时市值会比并购价格低 10%～20%。交易于 1999 年

9 月完成，那些抢占先机的投资者利用前沿公司的股价波动，成功锁定了三位数的年化收益率。

像巴菲特这样精明的投资者，正是瞅准了这样的机会。他们会以 45 美元的价格买入前沿公司的股票，在 3～4 个月的时间里锁定每股 17 美元的收益，这相当于 45 美元的 38%，交易完成的时间年化回报率在 102%～262% 之间，这取决于交易何时完成。

1999 年 5 月，当新荷兰公司（New Holland NV）发出每股 55 美元的现金收购要约后，凯斯公司（Case）的股价出现巨大波动。两个月后，人们纷纷猜测并购即将失败，凯斯公司的股价暴跌至 44 美元。投资者若此时买入，将获得每股 11 美元的投资收益，对于愿意等待几个月的时间完成交易的投资者来说，这意味着 25% 的收益率。

经验表明，大多数并购交易都是曲折的。目标公司的股价通常会在公告当天迅速上涨，达到低于报价 4%～6% 的水平。在接下来的几天或几周内，该股可能再次下跌，因为许多投资者会失去耐心而抛售。他们的抛售为巴菲特带来了更高的回报。对于套利交易来说，不需要大幅下跌就能带来很好的买点。如果 X 公司想以每股 20 美元现金收购 Y 公司，而 Y 公司的股价为 19 美元，那么投资者的潜在回报率只有 5.3%。如果 Y 公司的股价下跌至 18.50 美元，套利交易的回报率将达到 8.3%。如果交易在三个月内完成，投资者的年化收益率将是 37.6%。

1990 年，《福布斯》披露了伯克希尔·哈撒韦公司的保险子公司向美国州监管机构提交的财务文件，其中包含了巴菲特历年来的套利交易。伯克希尔·哈撒韦公司旗下的保险公司为巴菲特的投资提供了大量资金。《福布斯》发现，巴菲特在 1987 年广泛进行套利，这使得伯克希尔·哈撒韦公司的投资组合在大幅波动的市场中保持着上涨。当时，巴菲特大幅削减了伯克希尔·哈撒韦公司投资组合中的普通股投资规模。因此，当普通投资者在股票上亏损时，巴菲特依靠套利交易保持盈利。那一年，巴菲特参与了卡夫（Kraft）、雷诺兹·纳贝斯克（RJR Nabisco）、菲利普·莫里斯以及一些不太知名的公司的并购套利交易。他在 10 天内把投入南方房地产的 270 万美元变成了 330 万美元，年化收益率超过 700%。《福布斯》估计，巴菲特在 1987 年的套利交易回报率达到了 90%，而同期标准普尔 500 指数的回报率为 5%。

1988 年，巴菲特进行了 20 次套利交易，收益率为 35%，是标准普尔 500 指数的两倍多。而第二年巴菲特就没那么幸运了，他在套利交易中亏损了 31%。他没有向股东披露这个损失，但早在一年前，他就告诉股东，由于并购领域的"过度交易"，他计划在 1989 年减少套利交易。他写道："当别人都在疏忽的时候，我们就要更认真。"尽管如此，巴菲特还是在 1989 年将纳贝斯克的套利股份转让给了 KKR 公司，并卖出了剩余的股份，获利 6400 万美元。

洛克伍德公司的可可豆

1954 年，是巴菲特为格雷厄姆工作的第一年，他参与了一次较为"另类"的套利交易，这也是他迄今愿意公开谈论的少数交易之一。洛克伍德公司是一家薄利的巧克力制造商。当时可可价格飙升了 10 倍，让公司陷入了困境，公司试图清理库存获利，但问题是公司在卖出存货时要缴纳 50% 的所得税。

好消息是，在同一年，美国国税局允许公司在重组时向股东出售原材料，并且免税。根据这条政策变化，洛克伍德宣布出售其可可脂业务，并将 1300 万磅的可可豆转为工厂库存。同时，公司宣布回购股东的股票，并每股分配给股东 80 磅可可豆。可可豆的售价当时是每磅 60 美分，洛克伍德公司的股票回购价格是每股 48 美元。消息公布之日，洛克伍德的股价仅为 15 美元。

巴菲特抓住了这个机会。他在市场上买入了洛克伍德的股票，再卖掉收到的可可豆，然后用收益买进更多的洛克伍德的股票。这使得巴菲特能够持续盈利，直到可可豆和洛克伍德公司的股价之间没有价差。"有好几个星期，我忙着买股票和卖可可豆，定期到施罗德信托公司（Schroeder Trust）把股票换成仓库提单，回报很不错，而我唯一的支出就是地铁票。"巴菲特说。

阿卡塔公司

1981 年 9 月，并购专家 KKR 公司准备收购阿卡塔公司的全部资产。当时，阿卡塔公司与美国联邦政府就其土地估价发生争议。1978 年，政府为扩建红杉国家公园征用了 10 700 英亩[①]阿卡塔公司的林地，并向阿卡塔公司补偿 9790 万美元，而阿卡塔公司认为这个补偿太少了。这一争议使 KKR 的

---

① 1 英亩 ≈4046.856 平方米。——译者注

并购复杂化，KKR 最终提出以每股 37 美元的价格收购阿卡塔公司，外加政府补偿金额的三分之二。

"我们需要搞清楚，如果 KKR 的并购失败了，那么后果是什么。对这方面我很放心，"巴菲特在几年后写道，"阿卡塔的管理层对于出售公司已经运作了很久，如果 KKR 放弃并购，阿卡塔也会另寻买家，只是价格会更低。最后，我们还要搞清楚红杉树值多少钱。作为董事长，不必搞清楚榆树和橡树的区别，但是要能在 0 和一个相当大的数字之间确定合理的价格。"

巴菲特预计这笔交易将于 1982 年 1 月完成，他以 33.50～38 美元买入了 655 000 股。巴菲特认为自己将最少获得每股 37 美元，外加未来政府补偿的一部分收益。当 KKR 对木材行业表现出担忧时，交易陷入了困境，拖延了几个月才完成。最后，KKR 同意支付每股 37.50 美元，这让巴菲特六个月内赚了 170 万美元。

五年后，法院裁定，美国联邦政府对阿卡塔公司的补偿价款过低，裁定政府继续赔偿 5.19 亿美元。"我们每股额外收到 29.48 美元，合 1930 万美元。"巴菲特说道。

MGI 资产

不要小看短期的小盈利。如果小利能够吸引像巴菲特这样的有钱人，那么也会吸引到你。例如，1999 年年初，巴菲特透露他正在买入 MGI 资产的股份，MGI 资产是一家不动产投资信托基金（REITs），其资产组合包括办公楼和公寓楼。媒体猜测巴菲特已经将目光转向了不动产投资信托基金（REITs），这是一类小众的资产，资产收益率仅比 30 年期国债高出三个百分点。

然而，这次并购套利是巴菲特的典型投资。1998 年 10 月，MGI 董事会批准了出售计划，它们将清算整个房地产投资组合，并将收益作为特别股息返还给股东。它们估计，房地产出售价格将折合每股 29～30 美元。当时，股价为 24 美元。当 MGI 策划出售资产时，交易成功的概率几乎是 100%。投资者获得每股 29～30 美元只是时间早晚的问题。巴菲特开始大量买入MGI 股票，即使股价已经接近 29 美元，他依然继续买进。最终巴菲特买入了 5000 万美元的股票，预期每股盈利 1～3 美元。

巴菲特的数学推理再次奏效。这笔交易的风险几乎为零。事实上，MGI的清算进展顺利。公司签署了协议，到 1999 年 5 月，卖出了 80% 以上的写字楼，此时巴菲特正在大量买进股票。如果他的买入成本为每股 27.5 美元，而最终的清算结果为每股 30 美元，那么他将在短短几个月内获利 10.9%。

巴菲特没有以伯克希尔·哈撒韦公司的名义买入这些股票，而是通过个人账户进行的。除了伯克希尔·哈撒韦公司的投资组合外，巴菲特本人还有一个投资组合，这是他的小金库。巴菲特在买入 MGI 股票时，伯克希尔·哈撒韦公司的市值约为 380 亿美元。这就引出了一个问题：巴菲特为什么要为了一笔几百万美元盈利的交易而大费周章呢？这只能说明，这是巴菲特善于抓住机会的写照，不管盈利大小，只要有确定的机会就要抓住。无论巴菲特多么富有，只要有机会，他就不会错过任何一个哪怕只赚几个百分点的机会。

通用动力

　　巴菲特最赚钱的一笔投资（按美元计算）源于一笔常规的套利交易。1992 年 7 月，国防承包商通用动力公司宣布重组，将以每股 65.37～72.25 美元的价格回购多达 30% 的股份。在几个月之前，通用动力出售了三个非军工项目（数据系统、塞斯纳飞机和休斯飞机），获利 12.5 亿美元。由于军方的订单不断减少，通用动力公司不打算把这 12.5 亿美元继续投入到公司运营中，而是通过股票回购大幅提高持股股东的每股收益。

　　巴菲特再次看到了小利的机会，他通过伯克希尔·哈撒韦公司买入了 430 万股通用动力的股票，平均价格为 72 美元（拆分后 18 美元）。他在 1992 年的年报中写道："直到去年夏天，我才开始关注这家公司，当时公司宣布将回购约 30% 的股份。看到这样一个套利机会，我开始为伯克希尔·哈撒韦公司买入股票，希望通过转让持股获得小利。"

　　买完之后，巴菲特才开始研究通用动力公司，并看到首席执行官威廉·安德斯（William Anders）正在策划公司转型。安德斯解雇了数千名员工，关闭生产线，削减研发支出，让公司降低了数千万美元的运营成本。华尔街对安德斯的措施颇为赞赏，通用动力的股价在公告回购之后已经涨了一倍。尽管如此，这家公司的股价仍然低于账面价值，这引起了巴菲特的关注。

　　他没有卖出持股，而是继续持有，认为这只股票还有上涨的空间。在接下来的 5 年里，通用动力又涨了 4 倍。此外，通用动力在 1993 年开始派发三种特殊股息，每股达 50 美元（拆分后合每股 12.50 美元）。巴菲特的 430 万股在拆分后变成了 1720 万股。他在 1994 年 4 月卖出了 20% 的股份，然后在 8 月又卖出了 14% 的股份。在接下来的两年里，他又卖掉了 20% 的股份。

到 1998 年，伯克希尔·哈撒韦公司持有通用动力公司 7 693 637 股，价值 5.3 亿美元。算上每股 50 美元的股息加上历次减持获得的税前收益，到 1999 年年中，巴菲特合计获利约 4.5 亿美元。

在投资组合中增加套利交易

希望提高投资回报的投资者，应该重视并购交易。像巴菲特一样，将投资组合的一部分资金用于套利交易，能够给投资组合每年增加几个百分点的收益。表 18–2 的统计情况显示了投资者每年利用投资组合 25% 的资金进行并购套利，用其余 75% 的资金投资标准普尔 500 指数股票，并购套利的年化收益率为 20%。

从 1960 年的 1 万美元开始到 1998 年底，投资者的投资组合将增长到 1 774 802 美元，年化收益率为 14.6%。相比之下，100% 买入标准普尔 500 指数股票的投资者的资产仅增至 817 402 美元，不及前者的一半，年化收益率为 12.3%。

年化收益率增加 2.3 个百分点，就能大幅降低投资者亏损的概率。在表

18–2 的例子中，将全部资金投资于标准普尔 500 指数股票的投资者，在 38 年中有 8 年出现亏损，而将 25% 的资金进行套利交易的投资者，在 38 年中只有 5 年出现亏损，并且从 1975 年开始连续 24 年盈利。

表 18–2 套利交易如何增加投资收益

年份	道指（%）	道指 +50% 套利（%）	道指 +50% 融资套利（%）	巴菲特（%）
1957	−8.4	5.8	8.7	10.4
1958	38.5	29.3	43.9	40.9
1959	20.0	20.0	30.0	25.9
1960	−6.2	6.9	10.4	22.8
1961	22.4	21.2	31.8	45.9
1962	−7.6	6.2	9.3	13.9
1963	20.6	20.3	30.5	38.7
1964	18.7	19.4	29.0	27.8
1965	14.2	17.1	25.7	47.2
1966	−15.6	2.2	3.3	20.4
1967	19.3	19.7	29.5	35.9
1968	7.7	13.9	20.8	58.8
1969	−11.6	4.2	6.3	6.8
年化收益率（%）	7.4	14.0	20.9	29.5

表面上看，每年增加 2.3% 的收益率似乎并不算多，但是 2.3% 的收益率多年积累下来是非常庞大的收益。随着套利交易收益的提升，这个结果还会增大。如果投资者每年的套利交易能够获利 25%，那么到 1998 年底，1 万美元的投资组合将会增至 2 719 955 美元，年化收益率达到 15.9%。

如前所述，巴菲特投资组合中的大部分资金用于套利，并且融资进行交易。融资能够大幅提升投资回报，难怪他的合伙投资基金每年都能跑赢标准普尔 500 指数。表 18–2 显示了一位基金经理把投资组合的一半投资于标准普尔 500 指数股票，另一半用来进行年化收益率 20% 的套利交易。在第三栏中，假设基金经理融资进行套利。结果显示，一旦加了杠杆，收益率就会与巴菲特持平。

如果能够达到这样的收益率，那为什么不多做几笔套利交易呢？坦率地说，大多数投资者都被教育要通过持有成长股获得 20%～30% 的收益率，他们看不上套利的那一点收益率。但是他们没有意识到，这些小利积累起来就有可能跑赢标准普尔 500 指数（见表 18–3）。

表 18–3 套利交易如何提升收益

年份	标普 500 投资组合		25% 套利组合[①]	
	收益率（%）	10 000（美元）	收益率（%）	10 000（美元）
1960	0.5	10 050	5.4	10 538
1961	26.9	12 753	25.2	13 190
1962	−8.7	11 644	−1.5	12 989
1963	22.8	14 299	22.1	15 860
1964	16.5	16 658	17.4	18 615
1965	12.5	18 740	14.4	21 291
1966	−10.1	16 847	−2.6	20 743
1967	24.0	20 891	23.0	25 514
1968	11.1	23 210	13.3	28 914
1969	−8.5	21 237	−1.4	28 516
1970	4.0	22 086	8.0	30 798
1971	14.3	25 245	15.7	35 640
1972	19.0	30 041	19.3	42 501
1973	−14.7	25 625	−6.0	39 940
1974	−26.5	18 835	−14.9	33 999
1975	37.2	25 841	32.9	45 185
1976	23.8	31 991	22.9	55 510
1977	−7.2	29 688	−0.4	55 288
1978	6.6	31 647	10.0	60 789

续前表

年份	标普 500 投资组合		25% 套利组合^①	
1979	18.4	37 470	18.8	72 217
1980	32.4	49 611	29.3	93 377
1981	−4.9	47 180	1.3	94 614
1982	21.4	57 276	21.1	114 531
1983	22.5	70 163	21.9	139 584
1984	6.3	74 584	9.7	153 159
1985	32.2	98 599	29.2	197 805
1986	18.5	116 840	18.9	235 140
1987	5.2	122 916	8.9	256 068
1988	16.8	143 566	17.6	301 136
1989	31.5	188 789	28.6	387 336
1990	−3.2	182 748	2.6	397 406
1991	30.4	238 303	27.8	507 885
1992	7.7	256 653	10.8	562 610
1993	9.9	282 061	12.4	632 514
1994	1.3	285 728	6.0	670 307
1995	37.5	392 876	33.1	892 346
1996	23.0	483 238	22.3	1 090 893
1997	33.4	644 639	30.1	1 418 707
1998	26.8	817 402	25.1	1 774 802
收益率（%）	12.3		14.6	

注：①假设套利交易年化收益率为 20%。

巴菲特并不是唯一进行套利交易的人。全世界有数以百计的专业投资者从事套利交易。他们除了坐在电脑前面观看并购的新闻外，几乎不做其他事情。当消息公布时，他们立刻对此进行分析，并制定投资策略。他们根据投资目标的不同，会在数小时或数天内完成交易。还有一些套利者会一直持有股票，直到并购交易完成。

然而，事实证明，没有任何一家公司能在套利交易中像巴菲特那样成功，因为巴菲特只做"确定"的交易，而这种交易机会在如今已经越来越少了，巴菲特有足够的耐心等待。相反，"投机者们"需要通过频繁交易证明自己的价值。他们会尽量多做交易，甚至在公司公告全部的并购信息之前就采取行动。然而，巴菲特每年只从几百宗并购交易中挑选几个机会。如此，他才能详细研究这些标的，并且耐心等待股价回落以锁定高额收益。

巴菲特和其他投机者的区别在于，他仅以普通投资者的身份出现。他会在并购消息公告之后采取行动，而不是利用自己的影响力去干预并购过程（这是 20 世纪 80 年代并购专家的典型做法），他从来不会听消息去投资。

或者说，巴菲特的目标是通过获取价差而不是控股来强迫管理层进行交易，也不是为了拆分不动产获利而收购房地产公司。在他看来，他仅仅是通过基本的数学计算去套利。这笔交易对于巴菲特来说无足轻重，他也不太关心标的公司的运营情况，只是发现了一个能够赚钱的机会。

那些希望证明市场能被击败的人，只需要看看巴菲特和格雷厄姆从 20 世纪 20 年代开始的套利交易记录，就能找到证据。在巴菲特的例子中，并购套利是一种重要的手段，帮助他跑赢标准普尔 500 指数。他在其 1988 年的年报中指出，"这个业绩之所以令人瞩目，是因为它的纯粹：任何投资者都能够通过套利跑赢市场。"

在我看来，格雷厄姆·纽曼公司、巴菲特合伙基金和伯克希尔·哈撒韦公司连续 63 年的套利经验表明：有效市场理论是多么愚蠢。或许其中有一些特别的个案，但是改变不了事实。我们不必去发掘那些模糊的事实，也不必去研究产品的秘密，只需要做那些确定的事情。

套利交易的规则

投资于"现金"交易而非"股票交易"，并且只投资于已经公告的交易。应优先考虑 50 美元的现金报价方式，因为这给了投资者一个固定的交换比例，并且能够防止标的股价下跌。要回避那些最终价格低于原始报价的交易。比如说，股价为 50 美元的公司，公告买 1 股送 0.5 股，那么在公告当日，这只股票的价值应为每股 75 美元，如果在送股完成时股价跌到了 30 美元，那么每股的价值只剩下 45 美元。

提前确定预期回报率。在进行套利交易前，先计算出发生收益和亏损的概率，然后确定完成交易所需的时间和潜在的年化回报率。回避那些年化回报率达不到 20%～30% 的交易。

确定交易能够完成。如果交易失败，标的公司的股票可能就会大幅下跌。而令交易失败的原因有很多，包括监管机构的干预、并购方的股价暴跌、高管的补偿问题或者股东投票否决交易等。有些并购还会涉及公用事业或跨境并购，需要超过一年的时间才能完成，这会长期占用投资者的资金。

如果决定进行"股票交易"（标的公司的股东获得并购方的股份），那么要选择具有股价保护机制的交易。通常，并购方会根据自身的股价提出一个弹性的股份数额。

不要完全依靠套利获利。市场对股票的定价是不可预测的，盲目进行套利交易可能只会带来平庸的收益。投资者要遵循原则，仔细研究并购相关的文件。当市场价格与并购价格相距过大时，表明双方可能出现了分歧，交易有可能失败。

如果有把握，可以大胆地进行融资套利。如果投资者通过融资进行并购套利，就能够进一步提高投资组合的回报。当然，风险在于一旦套利失败，那么亏损也将大幅增加。由于融资利率约为年化 7%～8%，如果投资者有把握进行年化收益超过融资利率的套利交易，就应该果断进行融资。

How
to Pick Stocks
Like Warren
Buffet

第五部分
投资者的心灵鸡汤

第 19 章

巴菲特关于养成良好习惯的思考

丹尼尔·戈尔曼（Daniel Goleman）在他的畅销书《情商》（*Emotional Intelligence*）中提出，从根本上说，人类是一种在一万年前才诞生的动物，没有足够的时间来适应环境。恐龙则有超过 1.5 亿年的时间来完成身体和直觉上的适应和进化。相比之下，现代人仅仅在地球上繁衍了 500 代，这么短的时间并不足以让我们能够最大限度地发挥潜能。

例如，我们的运动技能——行走、奔跑、活动手指或搬运物体的能力，与早期人类所拥有的技能几乎没有区别。也许在 100 万年后，我们能以每小时 35 英里的速度奔跑，能以每小时 125 英里的速度投出垒球，或者能够背起 2000 磅的重物。但是，人类现在必须接受这样一个事实：基因的进化不会在一夜之间完成。戈尔曼认为，基于同样的原因，人类的认知结构同样没有太大变化。我们的推理能力、表达情感的能力以及决策能力和前人没有太大区别："在 100 万年的时间里，缓慢而深思熟虑的进化塑造了我们的情感，但是在过去一万年里，我们几乎没有变化。"

瑞士信贷第一波士顿银行的迈克尔·莫布森（Michael Mauboussin）是行为金融领域不断发展的研究者，他表示戈尔曼的认知进化理论与投资者关系密切。自 20 世纪 60 年代起，经济学和金融领域的许多重大理论进展都得到了验证、应用和传播，而这只占了人类历史的五万分之一的时间。

从遗传学的角度来看，人类并没有经过足够长的时间来消化和认识这些理论，而这正是问题所在。学术界致力于研究合理利用资本、投资组合多样化或者如何分析信息，但是我们的认知能力（200万年来没有太大发展）阻碍了我们理性行事。"如果人类还需要几万年的时间才能适应环境，那么可以坦率地说，人类目前还不能充分理解如何在资本市场上进行理性投资。"莫布森认为。

人类天生就不具备理性认识风险和回报的能力。当人类看到一只剑齿虎，只能四散奔逃，而不是去思考所谓的风险回报。"我们必须意识到自身的局限性，才能避免在选股时犯错。"根据莫布森的说法，投资者常犯以下七种错误：

- 与生俱来的跟风意识，与他人一起犯错比独自犯错更安全；
- 对自己的能力过于自信；
- 无法合理评估概率；
- 容易盲目信任，尤其是在面对复杂问题时更容易六神无主；
- 无视证据，倾向于依赖"经验法则"；
- 忽视机会和概率的统计规律；
- 相信某些人（例如成功的投资者）的天赋是可以轻易学会的。

在投资中，情绪和习惯起到至关重要的作用。如果投资者能够控制情绪，并将其引入合乎逻辑的过程里，就能成为更好的投资者。这就是巴菲特的一个不为人知的特质，他对金钱没有感情，他是一个完全理性的投资者。诚然，他也会不时犯下错误，甚至是严重的错误，但他之所以能在投资界叱咤风云，主要是因为他能熟练运用数学推理，并且排除情绪的影响。

任何想复制巴菲特业绩的投资者都要先试着理解他的选股习惯。在本书的尾声，我会回顾巴菲特的发言，重述他对于投资和情绪的观点。

听从自己的建议，而不是别人的建议

你必须独立思考。那些智商很高的人经常去盲目模仿别人，这让我感到很困惑。

其他领域的专业人士，比如牙医，他们会给其他人带来很多有用的知识。但是，一般来说，人们从基金经理那里得不到任何有用的反馈。

相信自己的知识和经验。如果投资者已经从事实中得出结论，并且相信自己的判断，那么即使得不到别人的认同，也要坚持己见。别人的意见并不能决定你的对错，你是否正确取决于你的数据和推理。同样，在证券行业，在掌握了足够的知识和可靠的判断之后，还需要勇气帮助自己去实践。

永远不要无条件接受市场定价

当然，那些相信有效市场理论的学生和投资者反而是我和格雷厄姆这类人的帮手。在比赛中，如果对手同意"一切尝试都是徒劳的"，那么你就拥有了全方位的优势。格雷厄姆的市场先生的寓言（见附录 A）在当今似乎有点过时了，现在的投资者和学者都在谈论有效市场、动态对冲和贝塔系数，这可以理解，毕竟技术能让事情看上去更清楚，也能给人一些看似有价值的建议。毕竟，有哪个巫医能仅靠建议"吃两片阿斯匹林"就能名利双收呢？

常识和商业知识比公式更重要

投资者要投资成功，不需要去了解贝塔系数、有效市场、现代投资组合理论、期权定价或新兴市场等一堆术语。事实上，投资者最好对这些一无所知。当然，大多数商学院并不同意这个观点，因为商学院的金融课程就在教这些东西。我认为，投资专业的学生其实只需要上两门课——估值和定价。

在 35 年的实践中，价值投资并未受到人们的追捧。可能人类有一种把简单事物复杂化的本能吧。

我相信，在智力竞赛中，无论是桥牌、国际象棋还是选股，那些认为思考是浪费时间的对手一定是不堪一击的。

忽略市场波动：这些无关大局

我从未指望在股票市场上赚钱。我买入股票的前提是，如果第二天股市关闭五年，我也会觉得无所谓。

出于某种原因，人们总是关注价格，而忽视价值。如果投资者盲目跟风，结果一定会事与愿违。最愚蠢的事情就是看到股票涨了而去追高。

不要依靠预测，那只是骗你去交易

　　预测没有用，那只是一种精确的错误。预测越详细，就越要警惕。我从来不看预测，但是会深入研究公司的业绩。如果公司的历史业绩不佳，即使前景可观，我们也会放弃。

　　我们也不会去考虑宏观经济。换言之，即使是权威专家关于失业率和利率的预测，我们也并不关心。我们只专注于自己了解的业务以及市场定价。即使是国会的议案，我们也不会去关注，这些对于我们的投资都没有帮助。

　　我们只需要确定交易价格，而不是去制定交易的时间表。我认为，基于短期经济和市场走势而放弃一只前景可观的股票是非常愚蠢的。为什么要用臆测取代事实呢？我在 1967 年买了国家理赔公司，1972 年买了好时，1977 年买了布法罗新闻，1983 年买了内布拉斯加州家具市场，1986 年买了斯科特公司，因为它们当时正在出售，并且价格合理。在买入时，我只会去思考它们的业务做得怎么样，而不会去盯着道琼斯指数、美联储或者经济形势。如果这适用于企业收购，为什么不能适用于购买股票呢？

　　无数专家都在研究超买指标、超卖指标、头肩模式、看涨期权比率、美联储的货币供应政策、外国投资、星座运动乃至橡树上的苔藓，但是他们无法预测市场。就像那些江湖术士无法告诉罗马皇帝匈奴人会什么时候进攻一样。

投资不是反复买卖股票，而是买入公司的一部分资产，然后分享利润

投资是在资产的生命周期内预测资产收益率的行为，而投机是预测市场心理的行为。投资者要研究资产，也就是公司的运作方式。而投机者会抛开业务去预测价格。二者的区别还体现在对股价波动的态度上。投机者关心的是预测股价，并从股价波动中获利。投资者的重点在于以合适的价格买入合适的证券。对于投资者来说，市场波动很重要，因为这会提供低价买入的机会。对于投资组合规模较大的投资者，既不要因为股价下挫而沮丧，也不要因为股价上涨而感到兴奋。

我们并不需要复杂的投资工具，也不需要经纪人。我们需要的是关注企业长期发展的投资顾问，需要被合理利用的资本而不是杠杆式的赌注。在资本市场里，投机只会抑制投资者的才干，只能阻碍资本市场的健康发展。

自负总是占据上风

公元前五世纪，德摩斯梯尼指出："一个人想要什么，就会相信什么。"如果人们评估自己，就会像德摩斯梯尼预测的那样过于乐观。例如，瑞典的一项调查显示，90%的汽车司机认为自己的车技高于平均水平。而在成功的投资顾问面前，这些司机会非常受挫。无论有无证据，每一位投资专家的评价往往都会过誉。即使那些聪明而又勤奋的人，也难免因为自负而受到不利影响。

但是，任何事情都是两面的，思考也不例外。这一点要像物理学家学习，他们会把自己批判得体无完肤。诺贝尔奖获得者理查德·费曼（Richard Feynman）曾经这样说："即使你是最容易被愚弄的人，也不要欺骗自己。"

让时间成为投资的朋友

投资还有另一个高招：什么都不做。和频繁交易相比，长期持有优质股票能够带来更多的财富。

即使是那些经验丰富的坚定投资者，也会受到怀疑论者的影响，他们会在卖出之前大喊"卖出"。我们都听说过这样的话："见利就走"和"小赚总比亏损强"。但是，如果你已经买入一只价格合理的成长股，但是却选择卖出，那就太可惜了。5 倍收益可以将 1 万美元变成 5 万美元，但是再获得 5 倍收益，就变成了 25 万美元。即使是基金经理，也很少有人能获得 25 倍的收益。普通投资者一生中可能只有一两次这样的机会，一定要牢牢抓住。

时间是不良资产的敌人，是优质资产的朋友。如果资产收益率为 20%～25%，时间就是投资者的朋友。如果投资者投资了一个回报很低的行业，时间就是敌人。

不要过度分析，否则会主动犯错

"根据我的经验，我只会三四考虑三四个变量，其余都是噪声。"马蒂·惠特曼（Marty Whitman）这样说。

我认识一个精明的投资者，他关注长期投资。他持有几百只股票，这些股票是他在数年间慢慢积累起来的。他曾告诉我，他在一家证券公司任职，年薪不超过 1 万美元，几乎没有资金投入股市。

他常分享自己的成功，其中有一个股市非常吸引他。他在 20 多岁时，向一家默默无闻的公司投资了 1400 美元。在后来 60 年的时间里，股票不断拆分，当初的 1 股变成了 360 股，他的 1400 美元也变成了 200 万美元。他说自己曾经拜访过公司的管理层，他跟我说："这些人好像知道自己在做什么。"

这就是证券分析。如果数据正确可靠，管理层头脑清楚，为什么还要去看一份 40 页的报告呢?

投资者应该记住，投资业绩不能用跳水比赛的方法去计分：投资不考虑难度系数。一家公司的价值取决于容易理解且能够持续的单一因素，即使投资者把其他非关键因素都分析清楚，回报也是一样的。

股票市场没有出局的游戏。投资者不必每球必击，也不必理会球迷的怒吼："击球啊，混蛋!"

利用自己的优势进行评估

聪明的投资并不复杂，但也不简单。投资者要能够正确评估选定的公司。注意"选定"一词：投资者不必面面俱到，只需要评估自己能力圈内的公司。

这个能力圈的大小并不重要，重要的是要知道能力圈的边界在哪里。

投资者的目标应该是以合理的价格买入一家业务容易理解的公司的股权。这家公司的资产在未来 5 年、10 年甚至 20 年都会稳步增长。但是，这样的公司凤毛麟角，一旦发现就要果断出手。当然，还要坚持自己的投资原则。如果不愿意持有一只股票 10 年，那么连 10 分钟都不要持有。

我的策略并没有陷入分散投资的教条之中。很多专家会说，这个策略一定有较高的风险。我们并不认同这个观点，我认为集中持股的策略看似提高了风险，但实际上却是降低了风险，因为集中持股的投资者能够深入分析投资标的，充分了解公司业务。

股东价值和成本是评估企业的标准

有这样一个奇怪的矛盾，在其他条件不变的情况下，如果一项投资赚了钱，那么它占用的资产越少，价值就越高。书本上不会讨论这样的话题。最具有吸引力的投资是不需要任何投资就能运营的项目，这样的项目就是伟大的生意。

如果不需要追加投资，或者只需要很少的投资就能保证投资者每年的收益增长，那么这将是最理想的投资。如果一家企业需要资金，并且投资收益率又很可观，那么这就是一个好的投资项目。而最差的投资是，投资者要不断追加投资，而回报率又很低。有时投资者会在不知情的情况下陷入这样的投资中。

不要想当然，否则，总有一天你会为一家靠感知选择的公司支付高昂的溢价

或许法国的某个葡萄园生产的葡萄酒是全世界最好的，但是我很怀疑，这 99% 是传言，只有 1% 是亲自品尝出来的。

寻找特许经营的公司，这些公司的价值是扑面而来的

如果你持有好时糖果，然后对着镜子问："镜子，镜子，今年秋天我能收到多少卖糖果的钱？"镜子回答："更多的钱。"那么这就是一笔很好的生意。

投资的关键不在于评估某个行业的社会影响或者增长率，而是要确定所选定公司的竞争优势，以及这种优势是否能够持续。那些具有广阔护城河的公司将为投资者提供丰厚的回报。

买入之前仔细研究

如果不进行调研，就无法成为真正的投资者。投资者可能熟悉 5～10 家公司的产品，但是对它们的财务状况一无所知。他们会找到大量的年报和研究报告，然后陷在里面无法自拔。很多年前，我会四处走访，与这些公司的竞争对手交谈，我还会不断地提问。这就是调查的过程。最后，要把这些全部记录下来，寻找那些显而易见的线索。

不要跟风买卖股票

当机会来临时，我会迅速行动。在我的一生中，我曾有过很多想法，也会进行很多尝试。如果下周有个新的想法，我就会去试一下；如果没有想法，我就什么也不做。

投资者只能通过正确的交易不是频繁的交易获利。至于要等多久才能获利，可能会很久。

低价能够保证便宜，但公司的价值和管理才是基础

不要指望买在最低点，但是买入价要低于公司的价值，并且要确保公司的高管是一批诚实能干的人。如果投资者以低于公司价值的价格买入一篮子股票，并对管理层充满信心，收益就不会差。

投资者不可能精确算出公司今后两年的每股盈利，即使是公司高管也算不出来。那么，对于一家发展良好的优秀公司来说，人们如何评判股价是否高估呢？假如公司的增速能够保持 10 年，公司的价值还能翻两番，那么当前股价被抬高 35% 这件事还值得担忧吗？不要因为股价波动而错失一个有价值的标的。

我们也曾买过低价股，但显然我们失败了。它们都是青蛙，我们买入的时候把它们当成了王子，但是青蛙就是青蛙。当然，后来我们也用买青蛙的价格买到了王子的股份，这是后话。

投资者从企业主的角度看问题，波动就是朋友

如果投资者能掌握三个基本想法，就能更好地投资。这些想法都不复杂，不需要很高的数学天赋。格雷厄姆曾经说过：（1）把股票看作资产；（2）把股价波动视为朋友而非敌人；（3）留出安全边际。我认为，即使 100 年后，这些仍是稳健投资的三大基石。

许多职业投资者往往不能理性地看待股价波动。当股价上涨时，他们兴高采烈；当股价下跌时，他们一筹莫展。而在面对食品价格时，他们并不会有这样的反应：他们知道自己要一直购买食品，因此希望食品价格下降而不是上升。我们对布法罗新闻的看法是类似的，我们希望报纸降价，因为我们会一直买报纸，尽管这会降低新闻纸的库存价值。

我们在伯克希尔·哈撒韦公司的投资遵循同样的逻辑。只要我还活着，就会继续买入股票。这样做的话，股价下跌比上涨对我们更有利。

悲观情绪是低价的原因。悲观情绪有时是普遍的，有时是针对某个行业的。我们喜欢这种氛围，并非我们喜欢悲观主义，而是因为这样能出现低价股。乐观主义是理性投资者的敌人。

然而，这并不是说应该闭着眼去买那些小众股票。所谓的逆向投资和跟风一样愚蠢。投资者需要思考，而不是投票。正如伯特兰·罗素（Bertrand Russell）所说："大多数人宁愿死也不愿思考。"这句话说得很对。

　　对于真正的投资者来说，股价波动是给他带来机会。价格下跌时可以买入，上涨时可以卖出。投资者如果能够忘掉股市，专注于公司的经营发展，就会取得更好的业绩。

附录 A

市场先生

沃伦·巴菲特认为，如果投资者能够认识到这样一个基本事实，即市场是为你服务的，而不是在指导你的，那他就可以大幅提高业绩。下面这些话摘自1987年伯克希尔·哈撒韦公司的年报，能够帮助你理解巴菲特对股价的感受。

每当查理（伯克希尔·哈撒韦公司副董事长查理·芒格）和我为伯克希尔·哈撒韦公司的保险公司买入普通股时，我们都会像买入一家企业那样。我们关注公司的前景、公司管理层的水平以及我们要支付的价格。我们不会考虑什么时候以及以什么价格卖出的问题。事实上，只要公司业绩能够以令人满意的速度累计内在价值，我们愿意无限期持有一只股票。在投资时，我们把自己当作商业分析师，而不是市场分析师、宏观分析师或者证券分析师。

交投活跃的市场对我们更有利，因为这会给我们提供低价买入的机会。但是，这并不是关键，即使我们持有的股票长期停牌，也不会令我们感到困扰。反而是市场没有对伯克希尔·哈撒韦公司的两家子公司世界图书和费切海默兄弟公司进行报价，让我们感到有些担心。我们的投资业绩最终取决于我们所持有的资产的经营情况，无论是控股还是参股。

我的老师格雷厄姆很久以前就告诉我如何面对股市波动。他说，你应该想象市场报价来自一位非常随和的人，他叫市场先生，他是你的合伙人并且乐于助人。市场先生每天都会给你一个报价，有时候他会买你的股票，有时又会把他的股票卖给你。

尽管你们两个人持有的资产都很稳定，但是市场先生的报价可不是如此。遗憾的是，他有着顽固的精神问题。有时他会兴高采烈，只看到对资产有利的方面，这时他会报出一个非常高的价格，因为他担心你会抢走他的利益。而当他陷入悲观时，只会看到一片漆黑，这时他会报出一个极低的价格，担心你会把麻烦甩给他。

市场先生还有可爱的一面：他不介意被人忽视。如果你对他今天的报价不感兴趣，明天他会给你一个新的报价。是否成交完全取决于你。他的行为越狂躁，对你越有利。

但是，记住灰姑娘的故事，要时刻保持警惕，否则一切都会变回南瓜和老鼠。市场先生是为你服务的，而不是指导你的。你会发现他的钱包比他的智慧更有价值。如果有一天他有点糊涂，你可以不理他，也可以利用他，但是不要受他摆布。如果你不能比市场先生更好地理解自己的资产，就不要参与这个游戏。人们在玩扑克时常说："如果你玩了10分钟还不知道谁是傻瓜，那么你就是那个傻瓜。"

　　格雷厄姆的"市场先生"的故事在如今有点过时了，当今的投资者和学者都在谈论有效市场、动态对冲和贝塔系数。这可以理解，因为技术会给投资者一些看似有价值的信息。毕竟，哪个庸医仅靠建议"吃两片阿司匹林"就能名利双收呢？

　　那些购买投资建议的投资者永远也理解不了市场的奥秘。我认为，公式、程序或者市场信号都不能确保投资成功。相反，投资者要能够规避市场情绪，保持独立清醒，才能取得成功。我一直在为此努力，牢记格雷厄姆的市场先生理念。

　　按照格雷厄姆的教导，查理和我依靠标的的经营业绩而不是报价来检验投资是否成功。市场或许会忽视我们的努力，但是终有一天会认可。正如格雷厄姆所说："从短期来看，市场是一台投票机；但从长期来看，它是一台称重机。"只要公司的内在价值在增长，股价的短期波动就不那么重要了。事实上，延迟的认可反而可能是优势，让我们有更多的机会低价买入。

　　当然，市场有时会高估一只股票，此时我们会卖出股票。有时，我们也会卖出定价合理甚至是被低估的股票，那是因为我们需要资金去进行更好的投资。然而，需要强调的是，我们不会因为股价上涨或者持有时间过长而卖出股票。只要公司经营的回报率令人满意，管理层诚实得力，并且股价没有被高估，我们愿意无限期持有股票。

附录 B

你比巴菲特的优势所在：互联网

巴菲特年轻时，每天会花 12 个小时以上在家里阅读年报和各种选股指南。这和他天生爱关注细节和数字的天赋相吻合。不在家时，巴菲特会到奥马哈的市立图书馆或大学图书馆阅读投资方面的书籍、学术研究资料和财经报纸。

他独自工作，比华尔街最好的分析师更能深入地研究公司。巴菲特最喜欢的参考资料是《价值线》，他从中汲取了大量投资理念。另外，还有标准普尔和穆迪的公司指南，每本指南都提供了上百家公司及其产品的信息，并提供 10～15 年的财务数据，这些资料目前仍可以在图书馆找到。

巴菲特发现这些资料非常有用。例如，《价值线》按行业对公司进行划分，并为投资者提供股本回报率、季度业绩、折旧率、股息率、负债率和年度收益等统计数据。巴菲特曾在年会上说过："我从第一页开始看，顺着 A 到 Z 的顺序全都看完，之后我对每一家公司的情况都了如指掌。"

巴菲特并不是要买入所有他研究过的公司，他只是留意那些感兴趣的公司，将其作为投资的备选。因此，如果一只股票在短期内下跌 20%，由于巴菲特很可能研究过这家公司，他知道这家公司的合理定价是多少，他只需要翻出过去的研究记录，就能判断是否应该买入。

现在的投资者不需要每天花 12 个小时去研究这些投资信息了，这要归功于互联网。只要按动鼠标，投资者就能在几小时内找到巴菲特过去需要几天甚至几周才能收集到的信息。投资者只需要一台电脑和网络，就能找到那些曾经让华尔街花费数万美元才能获得的数据（如果这些数据有用）。

根据我的经验，花高价去上投资课和自学没什么区别。去年我在内布拉斯加大学求学，在那里我学到的东西和在沃顿商学院学到的一样多。没必要花 35 000 美元去上课。教育都是源于自学，有了图书馆和互联网，就能获得足够的信息。

互联网上充斥着全世界无数家公司的信息，认真的投资者应该充分利用互联网缩短自己的研究时间。一切信息都需要自己去解读。互联网上有各种诱惑，比如低佣金、免费资讯、最新报价和盈利预测，请记住，你要自己做决定，而不是靠互联网替你做决定。